Berichte aus der Psychologie

Renate Kosuch

Sommerhochschulen für Schülerinnen in Naturwissenschaft und Technik

Wirksamkeit und Verbreitung

Shaker Verlag
Aachen 2004

Bibliografische Information der Deutschen Bibliothek
Die Deutsche Bibliothek verzeichnet diese Publikation in der Deutschen Nationalbibliografie; detaillierte bibliografische Daten sind im Internet über http://dnb.ddb.de abrufbar.

Finanziert durch

Niedersächsisches Ministerium
für Wissenschaft und Kultur

Copyright Shaker Verlag 2004
Alle Rechte, auch das des auszugsweisen Nachdruckes, der auszugsweisen oder vollständigen Wiedergabe, der Speicherung in Datenverarbeitungsanlagen und der Übersetzung, vorbehalten.

Printed in Germany.

ISBN 3-8322-2300-2
ISSN 0945-0971

Shaker Verlag GmbH • Postfach 101818 • 52018 Aachen
Telefon: 02407 / 95 96 - 0 • Telefax: 02407 / 95 96 - 9
Internet: www.shaker.de • eMail: info@shaker.de

Danksagungen

Die hier vorgelegte Studie ist das Ergebnis meiner Forschungsarbeiten im Rahmen des Projektes „Technik und Geschlecht" (2001-2003) an der Fachhochschule Oldenburg/Ostfriesland/Wilhelmshaven. Viele Menschen haben mich direkt oder indirekt unterstützt. Ich möchte ihnen an dieser Stelle meinen Dank aussprechen.

An erster Stelle danke ich Ministerialrätin Dr. Barbara Hartung, Niedersächsisches Ministerium für Wissenschaft und Kultur, die schon in den Jahren zuvor die Ansprechpartnerin des aus ihrem Hause finanzierten Modellvorhabens „Motivation von Frauen und Mädchen für ein Ingenieurstudium" (1993-1999) war und die die Entwicklungen um die „Sommerhochschule" und den „Leitfaden zur Organisation" engagiert begleitet hat. Sie erkannte den Wert der bei den Sommerhochschulveranstaltungen in Oldenburg, Osnabrück und Emden erhobenen Daten und ermöglichte die Finanzierung dieser Studie.

Ohne die Zusammenarbeit mit Prof. Dr. Ingeborg Wender, Technische Universität Braunschweig und Leiterin des Kooperationsprojektes „Technik zum Be-Greifen" (1993-1999) wäre eine theoretische Fundierung der Untersuchung der Wirksamkeit der Sommerhochschulen kaum möglich gewesen. Ihre Forschungsarbeiten zur Modifikation der geschlechtstypischen Berufsorientierung junger Frauen haben die Wirksamkeitsstudie methodisch stark geprägt, denn sie hatte 1997 dem Modellvorhaben ihr Forschungsinstrumentarium für die Begleitforschung zur Verfügung gestellt. Dafür bedanke ich mich sehr.

Bedanken möchte ich mich auch bei Gerlinde Buddrick, Fachhochschule Osnabrück, mit der ich die Idee des Leitfadens zur Organisation einer Sommerhochschule intensiv diskutieren konnte und die dem Leitfaden das nutzerfreundliche Layout und - ebenso wie dem Umschlag diese Buches - das unverwechselbare Gesicht gegeben hat.

Eine Studie zur Wirksamkeit der Sommerhochschulen wäre nicht möglich gewesen ohne die Menschen, die Jahr für Jahr die Veranstaltungen ermöglicht oder durchgeführt haben, die Frauenbeauftragten und Mitarbeiterinnen der Gleichstellungsstellen und Projekte, die Programmmitwirkenden sowie die KooperationspartnerInnen innerhalb und außerhalb der Hochschulen in Oldenburg, Osnabrück und Emden. Ich danke allen ebenso wie den ehemaligen Teilnehmerinnen der Sommerhochschulen und den potentiellen NutzerInnen des Leitfadens, die durch ihre Beteilung an den schriftlichen Befragungen die Forschungsgrundlage gelegt haben.

Mein Dank geht auch an meine studentischen MitarbeiterInnen Heike Bühring, die mich in der Datenauswertung unterstützt hat, Claudia Aggen, die mir bei der Recherche zur Verbreitung der Sommerhochschule wertvolle Zuarbeit geleistet hat und Simon Schoof, der diese Verbreitung anschließend auf der Deutschlandkarte anschaulich gemacht hat. Außerdem danke ich Antje Gronewold, meiner Vorgesetzten in den letzten zwei Jahren, die den Mut und das Vertrauen hatte, die Vereinbarkeit von „Beruf und Tabea" in meine Hand zu legen.

Zum Schluss möchte ich mich noch ganz besonders bei Prof. Angelika C. Wagner, Ph.D., Universität Hamburg, bedanken. Die ersten Vorarbeiten für diese Studie entstanden bereits während meiner Tätigkeit als wissenschaftliche Assistentin in ihrem Forschungsbereich, der „Psychologie der Veränderung". Sie hat mich ermutigt, mich den „alten Daten" noch einmal zuzuwenden und hat mir als fachliche Beraterin und als Mentorin wichtige Rückmeldungen gegeben.

Inhalt

1. Einleitung 1

2. **Modifikation der Studien- und Berufswahl von Schülerinnen der Sekundarstufe II** 3
   2.1 Geschlechtsidentität und Studienwahl 3
   2.2 Geschlechtsunterschiede bei Leistungskurs- und Studienfachwahl 4
   2.3 Einflussfaktoren auf den Prozess der Studienwahl 9
      2.3.1 Schlussfolgerungen 14
   2.4 Die Rolle der Selbstwirksamkeitserwartung bei Interventionen zur Veränderung der Studienorientierung 14
      2.4.1 Die Theorie der Selbstwirksamkeit 14
         2.4.1.1 Quellen der Selbstwirksamkeitsüberzeugung 15
         2.4.1.2 Berufliche Selbstwirksamkeitserwartung 16
         2.4.1.3 Selbstwirksamkeit und Berufswahl 17
      2.4.2 Interventionen zur Steigerung ingenieurberufsbezogener Selbstwirksamkeitserwartung bei jungen Frauen 18
         2.4.2.1 Überblick über die Forschungslage 18
         2.4.2.2 Zusammenhänge zwischen berufsbezogener Selbstwirksamkeit, beruflichem Interesse und Berufswahlverhalten 20
         2.4.2.3 Einfluss von Information auf die berufsbezogene Selbstwirksamkeitserwartung 20
      2.4.3 Diskussion und Schlussfolgerungen 21

3. **Die Sommerhochschule in naturwissenschaftlich-technischen Studiengängen für Schülerinnen und andere interessierte Frauen** 23
   3.1 Begriffsklärung 23
   3.2 Die Sommerhochschulveranstaltungen 1995-2000 in der Weser-Ems-Region 25
      3.2.1 Fachhochschule Oldenburg/Carl von Ossietzky Universität Oldenburg 26
      3.2.2 Fachhochschule/Universität Osnabrück 26
      3.2.3 Fachhochschule Ostfriesland 27
      3.2.4 Unterschiede in den Sommerhochschulveranstaltungen 27
   3.4 Das Konzept der „Sommerhochschule" im Kontext der Theorie der Selbstwirksamkeitserwartung 28

Teil I
Kognitive Veränderung in der beruflichen Orientierung von Schülerinnen im Kontext von Sommerhochschulen in Naturwissenschaft und Technik 31

1. **Anlage und Durchführung der Untersuchungen** 31
   1.1 Schriftliche Befragungen zur Auswertung der Sommerhochschule 32
      1.1.1 Messung der Effektivität auf dem Hintergrund der Theorie der Selbstwirksamkeit 33
      1.1.2 Schriftliche Befragungen zum Verbleib der ehemaligen Teilnehmerinnen 34
      1.1.3 Anmerkungen zur Datenlage 34

2. **Kognitive Ausgangslage vor der Intervention: Wer besucht die Sommerhochschulen?** ... 37
   2.1 Erwartungen der Teilnehmerinnen an die Sommerhochschule ... 37
      2.1.1 Hypothesen und Fragen ... 37
      2.1.2 Methode ... 38
      2.1.3 Ergebnisse ... 38
      2.1.4 Diskussion ... 42
   2.2 Leistungskursprofil, Berufswünsche, Studienorientierung und Vorbilder ... 42
      2.2.1 Hypothesen und Fragen ... 42
      2.2.2 Methode ... 43
      2.2.3 Ergebnisse ... 43
   2.3 Einschätzung von Kenntnis, Interesse, Zutrauen und Wahlintention hinsichtlich der Studiengänge in der Sommerhochschule ... 51
      2.3.1 Hypothesen und Fragen ... 51
      2.3.2 Methode ... 51
      2.3.3 Ergebnisse ... 51
      2.3.4 Diskussion ... 52
   2.4 Zusammenhang zwischen Leistungskursprofil und der Selbsteinschätzung von Kenntnis, Interesse, Zutrauen und Wahlintention naturwissenschaftlich-technischer Studienfächer vor der Sommerhochschule ... 52
      2.4.1 Hypothesen und Fragen ... 52
      2.4.2 Methode ... 53
      2.4.3 Ergebnisse ... 53
      2.4.4. Diskussion ... 54
   2.5 Zusammenfassung und Diskussion ... 55

3. **Wirksamkeit der Intervention „Sommerhochschule"** ... 57
   3.1 Kognitive Veränderungen in Hinblick auf studiengangsbezogene Kenntnisse, Selbstwirksamkeitserwartung, Interesse und Studienwahlintention ... 57
      3.1.1 Entwicklung von Hypothesen und Fragen im Forschungsprozess - Methoden ... 57
         3.1.1.1 Hypothesen und Fragen im Überblick ... 61
      3.1.2 Auswahl der Daten für die Sekundäranalyse ... 62
      3.1.3 Ergebnisse ... 62
         3.1.3.1 Überblick über die Ergebnisse zur Programmbewertung ... 63
         3.1.3.2 Erkundete Studienfächer versus Kontrollfächer ... 63
         3.1.3.3 Potentielle Entscheidung für nur ein Studienfach ... 68
         3.1.3.4 Zusammenhänge zwischen „Kenntnis", „Interesse", „Zutrauen" und „Wahl" ... 75
   3.2 Fachhochschule oder Universität: Kognitive Veränderungen in Hinblick auf hochschulbezogene Selbstwirksamkeitserwartung, Kenntnis, Interesse sowie Hochschulwahlintention ... 78
      3.2.1 Hypothesen und Fragen ... 79
      3.2.2 Methode ... 79
      3.2.3 Ergebnisse ... 79
      3.2.4 Diskussion ... 80
   3.3 Auswirkungen auf das Spektrum der Berufswünsche und die Studienorientierung ... 81
      3.3.1 Hypothesen und Fragen ... 81
      3.3.2 Methode ... 81

3.3.3 Ergebnisse 81
3.3.4 Diskussion 84
3.4 Zusammenfassung und Diskussion 85

4. Zusammenfassung und Schlussfolgerungen 87

Teil II
Dissemination der Intervention „Sommerhochschule" im Rahmen des Modellvorhabens „Motivation von Frauen und Mädchen für ein Ingenieurstudium" 89

1. Begriffsklärungen 89
   1.1 Dissemination von Innovationen im Bildungsbereich 89
   1.2 Modellprojekte zur Förderung von Frauen in Naturwissenschaft und Technik an Hochschulen 90

2. Faktoren wirksamer Disseminationsprozesse im Bildungsbereich 93
   2.1 Formen der Dissemination in Modellprojekten 95
   2.2 Schlussfolgerungen 96

3. Entwicklung und Verbreitung eines Leitfadens als Instrument der Dissemination 99
   3.1 Vorgeschichte und Rahmenbedingungen der Leitfadenentwicklung 99
   3.2 Ziele des „Leitfadens zur Organisation einer Sommerhochschule" 99
   3.3 Konzept und Aufbau des Leitfadens 100
   3.4 Leitfadenverbreitung 103

4. Untersuchung zur Verbreitung und Nutzung des Leitfadens 107
   4.1 Anlage und Durchführung der Untersuchung 107
      4.1.1 Fragebogenentwicklung 107
      4.1.2 Ablauf der Befragung, Stichprobenbeschreibung und Rücklauf 107
   4.2 Auswertungsmethoden 109
   4.3 Ergebnisse 109
      4.3.1 Veranstaltung von Sommerhochschulen 109
      4.3.2 Koordination der Sommerhochschulveranstaltung 110
      4.3.3 Vorbilder für die Sommerhochschulveranstaltung 111
      4.3.4 Nutzung des Leitfadens 111
         4.3.4.1 Zugehörigkeit der NutzerInnen zu den Zielgruppen des Leitfadens 112
         4.3.4.2 Art der Nutzung 112
      4.3.5 Bewertung des Leitfadens 116
         4.3.5.1 Unzulänglichkeiten des Leitfadens 116
         4.3.5.2 Positive und negative Rückmeldungen zum Leitfaden 116
      4.3.6 Sonstige Rückmeldungen und Kommentare 117
   4.4 Zusammenfassung und Diskussion 119

5. Verbreitung der Sommerhochschulen für Schülerinnen im naturwissenschaftlich-technischen Bereich in Deutschland 121

6. Zusammenfassung und Ausblick 125

7. Literatur 127

1. Einleitung

Die Aufgabe des im Rahmen vom Ministerium für Wissenschaft und Kultur geförderten Projektes „Technik und Geschlecht" bestand darin, die Wirksamkeit und Verbreitung der Intervention „Sommerhochschule" zu untersuchen. Dabei handelt es sich um ein einwöchiges Erkundungsprogramm für Schülerinnen in den naturwissenschaftlich-technischen Studiengängen, das als „simulierter Studienanfang" konzipiert ist.

Zu Beginn der Forschungsarbeiten im Jahre 2001 konnte für die Wirksamkeitsstudie auf die Daten von 633 Teilnehmerinnen aus zwölf Sommerhochschulveranstaltungen zurückgegriffen werden, die u.a. im Rahmen der ebenfalls vom MWK geförderten Projekte „Motivation von Frauen und Mädchen für ein Ingenieurstudium" der Weser-Ems-Region (1993-1999) und des „Gemeinsamen Sommerstudienprogramms" der Oldenburger Hochschulen (1997-1998) erhoben worden waren. Die zwölf Veranstaltungen waren in unterschiedlichem Ausmaß bereits evaluiert worden. Zudem wurden von Beginn an die Ergebnisse und Erfahrungen mit der Veranstaltung im Sinne der „dissemination of best practice" verbreitet. Zu beiden Bereichen liegen bereits umfangreiche Veröffentlichungen vor (z.B. Kosuch, 1999; 2000a-e).

In dieser Studie wird einerseits der Einfluss der Sommerhochschule auf das Studienwahlverhalten in einer Sekundäranalyse genauer untersucht und andererseits die Disseminaton der Veranstaltung in Deutschland nachvollzogen und die Rolle des „Leitfaden zur Organisation einer Sommerhochschule für Oberstufenschülerinnen" (Arbeitsgruppe Sommerhochschule, 1999) im Prozess der Verbreitung untersucht.

Im ersten Teil dieser Studie werden die kognitiven Veränderungen der Schülerinnen in der beruflichen Orientierung durch die Intervention „Sommerhochschule" untersucht.

Eine umfassende wissenschaftliche Begleitung der Projekte und damit auch eine wissenschaftliche Analyse der Intervention „Sommerhochschule" war während der Laufzeit der Projekte nicht vorgesehen, doch früh kamen Forschungsimpulse aus dem kooperierenden Projekt „Technik zum Be-Greifen" an der TU Braunschweig, das im universitären Kontext umfangreiche Forschungsarbeiten zur Modifikation der geschlechtstypischen Studien- und Berufswahl geleistet hat. Dort wurde nachgewiesen, dass erfolgversprechende Ansatzpunkte zur Erhöhung des Frauenanteils in natur- und ingenieurwissenschaftlichen Studiengängen solche sind, die auf die Steigerung der Selbstwirksamkeitserwartung abzielen. Dies geschieht durch Verhaltensausführung, stellvertretende Erfahrung (Modelllernen), verbale Überzeugung durch andere Personen sowie positive emotionale Erregung (Wender & Sklorz-Weiner 2000). Bereits Anfang 1997 verabredeten die beiden kooperierenden Modellprojekte „Motivation von Frauen und Mädchen für ein Ingenieurstudium" und „Technik zum Be-Greifen" Forschungsinstrumente auszutauschen und einzusetzen und auch dadurch lag für diese Studie eine tragfähige Datenbasis für die wissenschaftliche Auswertung vor.

Im zweiten Teil der Studie stehen verschiedene Aspekte zum Thema „Dissemination" im Mittelpunkt, die Verbreitung des Leitfadens zur Organisation der Sommerhochschule für Oberstufenschülerinnen, seine Wirkung als Disseminationsinstrument und die Art der Nutzung ebenso wie die Ausbreitung der Sommerhochschulen in Deutschland. Dabei wird auch auf den Stellenwert des Wissenstransfers in Modellprojekten in Hinblick auf ihre Nachhaltigkeit eingegangen.

Für die Untersuchung der Dissemination gab es kein Vorbild. Die Verbreitung der Sommerhochschule ist nicht systematisch abgelaufen und wurde von keiner zentralen Stelle aus betrieben. Zugleich gab es durch das Modellvorhaben „Motivation von Frauen und Mädchen für ein Ingenieurstudium" seit 1995 zunächst projektintern, dann landesweit und darüber hinaus Disseminationsbemühungen. Um dieses Bestreben gleichsam zu verstetigen, auch über die Dauer des Projektes hinaus, wurde mit der Konzeptionierung des Leitfadens versucht, neben Informationen auch das Experten- und Handlungswissen zur Sommerhochschule weiterzugeben, um das Produkt „Sommerhochschule" weiter zu verbreiten.

Zunächst wird ein Forschungsüberblick über die Modifikation der Studien- und Berufwahl von Schülerinnen der Sekundarstufe II geliefert (2.) Ein besonderer Fokus liegt dabei auf der Theorie der Selbstwirksamkeitserwartung (z. B. Bandura, 1998). Anschließend wird das Konzept der Sommerhochschule und seine Umsetzung an den Hochschulen in Oldenburg, Ostfriesland und Osnabrück vorgestellt (3.)

2. Modifikation der Studien- und Berufswahl von Schülerinnen der Sekundarstufe II

Auch wenn es in der Vergangenheit eine Angleichung der Geschlechter gegeben hat, was die formalen Bildungsabschlüsse angeht, bleibt die geschlechtsspezifische Studien- und Berufswahl aufrechterhalten. Diese Ausgangssituation wird im Folgenden anhand von verschiedenen Daten, Theorien und Forschungsergebnissen untermauert und Ansatzpunkte für Interventionen herausgearbeitet. Nach einer Einführung zum Thema Geschlechtsidentität und Studienwahl (2.1) werden Daten präsentiert, die diesen geschlechtsspezifischen Effekt für die Studienwahl belegen (2.2). Anschließend wird der Stand der Forschung daraufhin gesichtet, was heute über die Einflussfaktoren auf den Studien- und Berufswahlprozess insbesondere von Schülerinnen bekannt ist (2.3). Der Theorie der Selbstwirksamkeit kommt dabei eine zentrale Bedeutung zu. Ergebnisse zu kognitiven Prozessen - wie sie im Rahmen dieser Theorie erforscht werden - sind in Kapitel 2.4 dargestellt.

2.1 Geschlechtsidentität und Studienwahl

Ein umfassender Überblick über die Entwicklung der Geschlechtsidentität im Kontext des Studienwahlverhaltens findet sich bei Gisbert (2001, S. 45 ff.). Danach folgt in früher Kindheit auf eine Phase der Unsicherheit in der Zuordnung zu „männlich" und „weiblich" die Stereotypisierung. Diese rigide und übergeneralisierende Phase im Vor- und frühen Grundschulalter gilt als notwendig für die Entwicklung und Festigung kognitiver Orientierungsschemata. Auf dieser Basis werden in der nächsten Phase die Konzepte von Männlichkeit und Weiblichkeit wieder flexibler und zwar auf drei Ebenen, auf der Ebene der Selbstbeschreibung mit Hilfe von Geschlechtsstereotypen, auf der Ebene der Geschlechtsrollenkonzepte mit ihrer Verknüpfung von Merkmalen und Geschlecht und schließlich in der Bevorzugung des eigenen Geschlechts bei der Wahl von Interaktionspartnern (Trautner u.a., zitiert nach Gisbert, 2001). Mädchen zeigen dabei eine größere Bereitschaft, männlich assoziierte Eigenschaften und Verhaltensweisen in ihr Konzept von Weiblichkeit zu integrieren und als Spielgefährten auch Jungen zu wählen.

Auf der Ebene der Aktivitäten findet diese Flexibilisierung jedoch nicht statt. Kinder orientieren sich auch bei der Wahl ihres Spielzeugs und ihrer Aktivitäten an der „normativen Geschlechtsangemessenheit" (ebd., S. 48). Geschlechtsunangemessenes Verhalten wird abgelehnt und auch so begründet. Die Geschlechtsangemessenheit ist wichtiger als die Attraktivität des Spielzeugs. Das wirkt sich wiederum auf die Interessensentwicklung aus, mit weitreichenden Folgen auch für die Berufsorientierung. So wirkt sich auch später der Kontext, indem ein Fachgebiet bearbeitet wird - männertypisch oder frauentypisch - auf das Interesse an Fachgebieten und Tätigkeiten aus: Inhalte, die in männertypische Zusammenhänge gestellt sind, verlieren für Frauen an Wertigkeit - mit entsprechenden Auswirkungen auf das Interesse (Hoffmann u.a., 1997 am Beispiel des Physikunterrichts; Wender, 2002 zitiert nach Wender u.a. 2002). Gründe dafür lassen sich im unterschiedlichen Verhalten von Eltern und anderen Bezugspersonen gegenüber Jungen und Mädchen finden. Gisbert bezieht sich in diesem Zusammenhang auf eine Metaanalyse von Lutton und Romney (1992, zitiert nach Gisbert, 2001, S. 49). Aus 19 verschiedenen Sozialisationsbereichen war es der Bereich der Spielvorlieben, in dem Eltern Jungen und Mädchen in geschlechtstypischer Weise unterstützen und ermutigen. Gerade in diesem Bereich leisten Eltern ihren Kindern sozusagen „Hilfestellung" für den Erwerb und die Stabilisierung der Geschlechterkonzepte.

Zur Beantwortung der Frage nach den Möglichkeiten der Beeinflussung der Interessensentwicklung sind zwei Aspekte wichtig. In der Entwicklung ist die Typisierung als festes kognitives Orientierungsschema die Basis für die Flexibilisierung. Erst wenn geschlechtstypisierende Konzepte stabil verankert worden sind, können diese wieder flexibilisiert werden. Versuche, die Typisierung zu verhindern, setzen nach Gisbert an der falschen Stelle an. Vielmehr geht es darum, zum einen die Inhalte der Typisierung zu verändern, ein langsam verlaufender gesellschaftlicher Prozess, dem große Beharrungstendenzen entgegenstehen. Zum anderen bietet die Phase der Flexibilisierung im individuellen Lebenslauf einen guten Ansatzpunkt für Interventionen zur Veränderung.

Die Verbindung von Tätigkeit und Geschlecht, ein Bereich in dem der Flexibilisierung insbesondere auch durch das verstärkende Verhalten der Umwelt Grenzen gesetzt sind, ist an sich leicht zu lösen und zu verändern. Mit einem negativen Beispiel gesprochen: Zunächst als geschlechtsneutral wahrgenommene Spielzeuge verlieren ihre Attraktivität dann, wenn sie dem anderen Geschlecht zugeordnet werden (Eisenberg u.a., 1996, zitiert nach Gisbert, 2001).

In der Adoleszenz findet wiederum eine Zunahme an geschlechtstypischer Orientierung statt, das oft mit einem Absinken des Selbstwertgefühls verbunden ist, insbesondere und im ausgeprägteren Maße bei den Mädchen. Aus sozial-kognitiver Perspektive wird die These aufgestellt, dass diese Typisierung die Basis für die erwachsene Geschlechtsidentität darstellt. Individuelle Abweichung von den Standards sind um so eher möglich, je fundierter die Verankerung in der Geschlechtsidentität ist. Wenn die Geschlechtsidentität an den eher stereotypen sozialen Vorgaben verhaftet bleibt, ist es weniger möglich, sich langfristig einem geschlechtsuntypischen Studiengebiet zuzuwenden (Gisbert, 1995).

Die Wirkung der „Gegensätzlichkeit" von Interesse und der geschlechtstypischen Zuschreibung bezüglich des Interessensbereichs hängt davon ab, in welchem Maße die Zuschreibung akzeptiert wird oder ob die Fähigkeit entwickelt wird, diese in Frage zu stellen, ohne in der Geschlechtsidentität verunsichert zu werden. Die Übereinstimmung zwischen Geschlechtsidentität und Fachinteressen herzustellen ist eine zentrale Entwicklungsaufgabe in der beruflichen Orientierung (Gisbert, 2001).

2.2 Geschlechtsunterschiede bei Leistungskurs- und Studienfachwahl

Die wichtigsten Motive für die Leistungskurswahl sind das „Interesse an den Inhalten", gefolgt von „persönliche Stärken entfalten" und „gute Noten in der Sekundarstufe I" (Abel, 2002). Dabei wird die Wahl auf der Grundlage bereits vorhandener geschlechtsspezifischer Interessen getroffen.

Was die Wahl von zwei mathematisch-naturwissenschaftlichen Leistungskursen angeht, so hält sich der Anteil der Schulabgängerinnen über die Jahre konstant bei 11% bzw. 10% (Tabelle 1).

Tab. 1: SchulabgängerInnen, die an Gymnasien oder Gesamtschulen die allgemeine Hochschulreife erworben haben, nach der Anzahl der mathematisch-naturwissenschaftlichen Leistungskurse* und Geschlechtszugehörigkeit (in Prozent)

Studienberechtigte	1980			1986			1996			1999		
	M	W	Ges.	M	W	Ges.	M	W	Ges.	M	W	Ges.
2 Kurse	29	11	20	31	10	21	29	11	19	28	10	18
1 Kurs	47	47	48	50	48	49	43	43	43	45	45	45
Kein Kurs	24	40	32	20	41	31	28	46	38	27	45	37

*Mathematik, Physik, Chemie, Biologie
(Kahle & Schaeper, 1991, eigene Berechnungen und HIS-Studienberechtigtenbefragungen 1996 und 1999 / Sonderauswertung)

Folgenschwer ist die Entwicklung bei der Entscheidung gegen die Wahl von mathematisch-naturwissenschaftlichen Leistungskursen überhaupt. Bei beiden Geschlechtern nimmt der Anteil derjenigen zu, die überhaupt keinen Leistungskurs in diesem Bereich wählen und zwar im aufgeführten Zeitraum insgesamt um 5%. Seit 1986 ist demnach bei den Schülerinnen eine rückläufige Entwicklung bezüglich der Wahl von mathematisch-naturwissenschaftlichen Leistungskursen zu verzeichnen. Berücksichtigt man dabei noch, dass sich die Wahlkriterien seit den 80er Jahren zugunsten der Wahl von mathematisch-naturwissenschaftlichen Leistungskursen verschärft haben, ist von einem generell nachlassenden Interesse an mathematisch-naturwissenschaftlichen Leistungskursen auszugehen (HIS, 2002). Der im wesentlichen stabil bleibende Anteil der Schulabgängerinnen und -abgänger mit zwei mathematisch-naturwissenschaftlichen Leistungskursen weist darauf hin, dass es unabhängig von formalen Wahlkriterien über die Zeit immer ein ganz bestimmtes Potential von entsprechend motivierten Schülerinnen und Schülern gibt. Dieses Potential ist allerdings bei den Schülerinnen nur ein Drittel so groß wie bei den Schülern. Leistungskurs- und Studienfachwahl stehen in einem deutlichen Zusammenhang. Die Weichen für die Studienwahl werden also schon früh gestellt.

Werden die Prüfungsfächer ebenfalls in Betracht gezogen, so entsteht, was die Mathematik angeht, eine positivere Perspektive (Tabelle 2). Seitdem das Schulfach Mathematik in vielen Ländern wieder verpflichtendes Abiturfach geworden ist, wählen sowohl Mädchen als auch Jungen deutlich häufiger Mathematik als Prüfungsfach. Dieses geschieht seit 1996 allerdings mit leicht abnehmender Tendenz. Unter den Studienberechtigten des Jahrgangs 1999 legten 63% der Schülerinnen und 73% der Schüler ein Abitur mit dem Fach Mathematik ab. Das Schulfach Biologie wurde im Jahr 1999 von 50% der Mädchen und 30% der Jungen als Abiturfach gewählt – mit abnehmender Tendenz bei beiden Geschlechtern seit 1980. Chemie wählten im Jahr 1999 28% der Jungen und 9% der Mädchen als Abiturfach; die Anteile sind seit 1980 fast unverändert. Das Abiturfach Physik ist für Mädchen nach wie vor das mit Abstand unbeliebteste Fach, gefolgt von der Chemie. Während die Jungen noch auf 28% kamen, wählten nur 4% der Mädchen Physik als Abiturfach.

Tab. 2: Wahl als Abiturprüfungsfach 1999 (Leistungskurs und Prüfungsfach) in Prozent der eigenen Geschlechtsgruppe (Hartung, 2002)

Abiturfach	männlich	weiblich	Kommentar
Mathematik	73	63	
Biologie	30	50	abnehmende Tendenz bei beiden Geschlechtern seit 1980
Chemie	28	9	Anteile seit 1980 fast unverändert
Physik	28	4	
Informatik	-	-	Es liegen keine geschlechtsspezifischen Daten vor.

In einer Studie zum Zusammenhang zwischen Studienwünschen und Leistungskursprofil zeigte sich jedoch, dass Leistungskurs- und Studienfachwahl bei Mädchen weniger eng zusammen hängen als bei Jungen (Brehmer, Küllchen & Sommer 1989). Keine der Schülerinnen in dieser Studie mit Studienwunsch im Ingenieurbereich kam aus der Gruppe mit mathematisch-naturwissenschaftlichem Profil. Aus dieser Gruppe führten jedoch weniger als die Hälfte überhaupt Studienfachwünsche auf, 16,7% davon im Bereich Mathematik/Naturwissenschaft. Ihre Studierneigung ist nicht nur geringer, sie weisen auch die vergleichsweise größere Unsicherheit bei der Studienfachwahl auf. Bei den mathematisch-naturwissenschaftlich orientierten Schülern hingegen besteht ein deutlicher Zusammenhang von Leistungskurs und angestrebter Studienwahl. Dabei nannten 23% Studienwünsche im Ingenieurwesen, 28,4% im Bereich Mathematik/Naturwissenschaft (n=74).

Zwar ist der Anteil derjenigen Schülerinnen mit mathematisch-naturwissenschaftlichem Profil, die Berufswünsche im technischen Bereich angeben im Vergleich zu den sprachlich-pädagogisch orientierten höher. Ein vergleichbar deutlicher Zusammenhang zwischen Leistungskursprofil und Berufswunsch wie bei den mathematisch-naturwissenschaftlich orientierten Jungen liegt jedoch nicht vor.

Was die geringere Studierneigung angeht, so streben gerade Mädchen mit beiden Leistungskursen im mathematisch-naturwissenschaftlichen Bereich seltener ein Studium an (ebd.). 36% der mathematisch-naturwissenschaftlich orientierten Schülerinnen lehnten ein Studium ab, bei den sprachlich-pädagogisch orientierten Mädchen waren es 19,2%, bei den entsprechenden Jungengruppen 9,1% und 10,2%. Nur 3,3 % der Schülerinnen (4 von 122) nannten Ingenieurstudiengänge als Studienwunsch, dagegen waren es 18,2% der Schüler. Aktuellere Daten bestätigen diese Zahlen. In einer Thüringer Befragung aus dem Jahr 1997 waren es 3,7% der Schülerinnen und 20,9% der Schüler (Zerbe, 1998).

Die Autorinnen haben die damals zunehmende Akademikerarbeitslosigkeit als einen - jedoch nicht hinreichenden - Grund identifiziert, warum gerade Schülerinnen mit einem zukunftsträchtigen Leistungskursprofil zu einem Drittel ein Studium ablehnen. Ein weiterer Bedingungsfaktor sei der Mangel an Berufs- und Studienvorbereitung in der gymnasialen Oberstufe (ebd., S. 161). Eine Ursache für die geringe Studienabsicht gerade bei der Gruppe der Schülerinnen mit mathematisch-naturwissenschaftlichem Profil, auf die die Autorinnen jedoch nicht eingehen, kann auch in schichtenspezifischen Einflüssen liegen. So wählen Schülerinnen und Schüler, deren Eltern vergleichsweise niedrige berufliche Positionen bekleiden, tendenziell häufiger beide Leistungskurse aus dem mathematisch-naturwissenschaftlichen Bereich. Das schichtenspezifische Wahlverhalten gilt für beide Geschlechter, doch die geschlechtsspezifischen Einflüsse bleiben insgesamt wirksamer (Kahle & Schaeper 1991, S. 40).

Der geringere Zusammenhang zwischen Leistungs- und Studienwahl bei jungen Frauen kann jedoch auch eine Chance sein, wenn es um die Modifikation des Studienwahlverhaltens geht - auch noch nach der Leistungskurswahl.

Tab. 3: Deutsche Studienanfängerinnen und –anfänger 1996/97 und ihr Anteil in naturwissenschaftlich-technischen Studiengängen (in Prozent)

	Weiblich	Männlich
Fachhochschulen	N=23.500	N=40.200
Mathematik/Naturwissenschaften	4,0	9,3
Ingenieurwissenschaften	19,7	52,9
Universitäten	N=79.600	N= 75.500
Mathematik/Naturwissenschaften	10,4	16,2
Ingenieurwissenschaften	4,2	15,6
gesamt	N=103.100	115.700
Mathematik/Naturwissenschaften	8,9	13,8
Ingenieurwissenschaften	7,7	28,5
Math./Nat./Ing.	8,3	21,1

(Schütt & Lewin, 1998, S. 134 u.140, eigene Berechnungen)

Zudem haben die Schülerinnen am Übergang Schule - Hochschule wieder eine gute Ausgangslage, was die Studierfähigkeit insgesamt angeht. Sie verlassen die allgemeinbildenden Schulen insgesamt mit höheren Bildungsabschlüssen als Schüler. Der Frauenanteil aller Personen mit Fachhochschulreife betrug 1996 53,7%, mit allgemeiner Hochschulreife 54,9% (Schütt & Lewin, 1998). Viele davon nehmen ein Studium auf (Tabelle 3).

Der Frauenanteil unter den Studierenden der Ingenieurwissenschaften ist zwar stetig gestiegen - von rund 7% in den siebziger Jahren des 20. Jahrhunderts auf rund 21% im Jahre 2002 -, doch der Anstieg ist auf den starken Rückgang männlicher Studenten zurückzuführen. Tabelle 4 und Abbildung 1 zeigen das aktuelle Verhältnis in der Reihenfolge der Höhe des Frauenanteils.

Tab. 4: Studium im naturwissenschaftlich-technischen Bereich: Frauenanteil insgesamt und im ersten Semester

WS 2001/2002	Frauenanteil insgesamt	Frauenanteil im ersten Semester
Elektrotechnik	6,9	9,1
Maschinenbau	7,9	9,4
Seefahrt	13,4	9,2
Informatik	15,8	16,8
Physik	18,0	20,5
Wirtschaftsingenieurwesen	18,8	22,5
Bauingenieurwesen	21,3	23,7
Verfahrenstechnik	23,8	28,4
Umwelttechnik	28,0	28,2
Vermessungswesen	30,5	31,7
Chemie	41,0	49,6
Mathematik	45,4	54,8
Architektur	45,8	51,7
Biotechnologie	56,8	60,7
Biologie	59,5	64,2
Ingenieurwissenschaften	**20,8**	**20,6**
Mathematik/Naturwissenschaften	**35,1**	**37,6**

*Im klassischen Studienbereich Maschinenbau/-wesen, den 60 % aller Studienanfängerinnen und -anfänger im Jahr 2000 wählten, waren von etwa 12.300 Anfängern nur 1.233 Frauen, also nur 10 %.

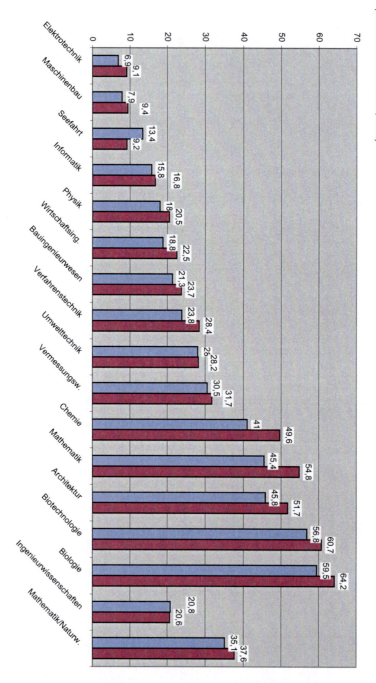

Abb. 1: Studentinnenanteil im Wintersemester 2001/2002: Frauenanteil insgesamt und Frauenanteil im ersten Semester nach Fächern (Statistisches Bundesamt, 2002)

2.3 Einflussfaktoren auf den Prozess der Studienwahl

Untersuchungen zum Berufswahlprozess Jugendlicher beziehen sich meist auf Schülerinnen und Schüler unterer bis mittlerer Bildungsabschlüsse. Vergleichsweise wenige Untersuchungen legen den Schwerpunkt auf die Studien- und Berufswahl in der Sekundarstufe II (Paul-Kohlhoff, 1996). Dabei unterscheiden sich beide Prozesse in wichtigen Grundzügen. Schülerinnen und Schüler der Oberstufe sind deutlich älter und somit erfahrener, wenn sie sich dem Thema zuwenden (müssen). Ihnen stehen deutlich mehr Optionen offen - die Einmündung in das Berufsbildungssystem oder die Aufnahme eines Studiums. Die Mehrzahl der Studiengänge sind - anders als für diejenigen, die das Berufsbildungssystem durchlaufen - nicht an eine klare Berufsperspektive gekoppelt. Damit lässt sich die Berufsentscheidung nochmals auf einen späteren Zeitpunkt verschieben (ebd.).

Die sich daraus ergebenden besonderen Anforderungen an Schülerinnen und Schüler, die ihre Schulzeit mit der Studienberechtigung abschließen, lassen demnach eine Gleichsetzung mit den Anforderungen an den Berufswahlprozess in Haupt- und Realschule nicht zu. Daher bezieht sich der Forschungsüberblick vorrangig auf Studien, die sich auf weiterführende Schulen beziehen. Dazu gehören SchülerInnen-Befragungen (Sekundarstufe II) ebenso wie Teile von StudentInnen-Befragungen, die sich auf die Schulerfahrungen beziehen. Weitere wichtige Quellen sind Untersuchungen des Hochschulinformationssystems (HIS GmbH) sowie der Schulforschung (für einen Überblick siehe Faulstich-Wieland, 1995).

Die im Folgenden thesenartig dargelegten Einflussbereiche wurden auf dem Hintergrund der Frage nach Ansatzpunkten für die Modifikation des Studienwahlverhaltens zusammengestellt.

Ein Großteil der Oberstufenschülerinnen hat noch keine klaren Studien- und Berufswünsche.

Jungen weisen bei der Leistungskurswahl deutlich ausgeprägtere studien- und berufsbezogene Motive auf als Mädchen. Insbesondere bei Schülerinnen mit mathematisch-naturwissenschaftlicher Leistungskurswahl zeigte sich, dass das Motiv der Verwendbarkeit für Studium oder Beruf eine deutlich geringere Rolle spielt (Brehmer u.a., 1989, S. 152; Kaiser-Meßmer, 1992, zitiert nach Faulstich-Wieland, 1995).

Berufswünsche sind veränderlich.

So konnte Jacobs in einer auf die U.S.A. bezogenen repräsentativen Längsschnittstudie nachweisen, dass die Berufswünsche junger Frauen hochgradig veränderlich sind (1989, zitiert nach Hagemann-White, 1992). Über eine Zeitspanne von zehn Jahren wurden junge Frauen jährlich gefragt, welchen Beruf sie mit 35 Jahren ausüben wollen. In diesem Zeitraum haben 60% der Befragten mindestens einmal einen männlich dominierten Beruf (definiert als ein Beruf mit einem Frauenanteil von höchstens 30%) genannt.

Im Studien- und Berufswahlprozess sind Jugendliche aktiv Handelnde.

So bewegen sich junge Frauen aktiv zwischen Zustimmung und Widerstand zu den strukturellen Bedingungen, die sie benachteiligen (Lemmermöhle-Thüsing, 1990).

In der gymnasialen Oberstufe besteht ein Mangel an studien- und berufsvorbereitenden Maßnahmen. Vorhandene sind oftmals nicht geschlechtsbewusst. Dabei spielen die Leistungen der Schule in der Studienvorbereitung eine wichtige Rolle.

Die HIS Studie zu den Bildungswegen von Frauen gibt Auskunft darüber, wie gut sich Studienanfängerinnen im Vergleich zu ihren männlichen Kommilitonen durch die Schule auf das Studium vorbereitet fühlen (Schütt & Lewin, 1998, S. 59 ff.). Die Befragten gaben dabei zu einem Zeitpunkt Auskunft, als bereits erste Erfahrungen mit dem Studium vorlagen.

Wie Tabelle 5 zeigt, hat der Anteil derjenigen, die sich durch das Studium gut oder sehr gut vorbereitet fühlen, im dargestellten Zeitraum sogar abgenommen und zwar insbesondere bei den Frauen. Diese fühlen sich insgesamt und in den naturwissenschaftlich-technischen Fächergruppen weniger gut vorbereitet als ihre männlichen Kommilitonen. Im Vergleich zu anderen Fächergruppen ist der Abstand zwischen beiden Geschlechtern in Mathematik und Naturwissenschaften am größten.

Auch der Informationsgrad zum gewählten Studienfach vor Aufnahme des Studiums hat einen nicht unerheblichen Einfluss auf die Studienwahl. Realistische Kenntnisse über Studienanforderungen und -ablauf verhindern falsche Entscheidungen.

Tab. 5: Einschätzung weiblicher und männlicher Studienanfänger der schulischen Vorbereitung auf das Studium (in Prozent)

	Weiblich			Männlich		
„sehr gut" und „gut"	Insg.	Math./Nat.	Ing.	Insg.	Math./Nat.	Ing.
WS 1993/94	41			41		
WS 1996/97	33	35	37	38	44	41

(Schütt & Lewin, 1998, S. 61)

Nur rund ein Viertel der Studierenden aller Fachrichtungen fühlen sich alles in allem „sehr gut" oder „gut" über das Studium informiert (Schütt & Lewin, 1998). Die Studentinnen liegen dabei insgesamt in den verschiedenen Ausprägungen durchschnittlich um vier Prozentpunkte unter den Werten ihrer männlichen Kommilitonen. Interessanterweise ist der Kenntnisstand der Studentinnen in den Ingenieurwissenschaften höher als der der Studenten und auch höher als in allen anderen Studienrichtungen außer der Medizin. Die Autoren erklären dies damit, dass Frauen aufgrund ihres zu erwartenden Minderheitenstatus in dieser Fächergruppe ihren Entschluss besser abwägen und dazu vermehrte Anstrengung aufbringen, um Informationen zum Studium zu erlangen. Doch die Datenlage lässt auch den umgekehrten Schluss zu: Für Frauen ist ein hoher Kenntnisstand wichtig, um überhaupt den Schritt in diese Studienfachgruppe zu machen.

Zufallseinflüsse spielen bei der Studienfachwahl eine unterschätzte Rolle.

Das konnte in einer Fragebogenerhebung unter 217 StudienanfängerInnen nachgewiesen werden (von Maurice u.a., 1995). Der Anteil derjenigen, die mindestens eine Zufallserfahrung angeben, ist mit 61,3% signifikant größer als der Anteil der Befragten, die keinerlei Zufälle anführen. Zufallserfahrungen gehören unter 28 Wahlaspekten zu den sechs wichtigsten. Im Zusammenhang mit der Studienfachwahl wird häufig zu wenig berücksichtigt, dass gerade das Entdecken beruflicher Alternativen auf Zufallserfahrungen zurückzuführen ist.

Mädchen werden weit weniger ermutigt, einen naturwissenschaftlich-technischen Beruf zu ergreifen als Jungen.

Dies belegt z.B. eine schriftliche Befragung von 424 Schülerinnen und 240 Schülern der 12. Klasse an Duisburger Gymnasien und Gesamtschulen. Die Hälfte der Mädchen gab an, noch nie von Vater oder Mutter ermutigt worden zu sein. Nur 30% der Jungen antworteten in dieser Weise. (Kucklich, 1991, S. 30). Eine andere Studie zeigt, dass bei gleich guter Leistung im Schulfach Mathematik die Töchter von den Eltern eher als fleißig, die Söhne eher als fähig und begabt wahrgenommen werden. Misserfolge in diesem Bereich werden von den Eltern bezogen auf ihre Söhne eher mit mangelnder Anstrengung erklärt, bezogen auf die Töchter eher mit mangelnder Begabung (Beermann u.a., 1992). Dieses Attributionsmuster verhindert, dass Mädchen mit guten Mathematikleistungen zur Berufswahl im naturwissenschaftlich-technischen Bereich ermutigt werden. Auch in Bereich der Physik wird Mädchen von Eltern und Lehrkräften weniger Begabung zugeschrieben als Jungen (Ziegler u.a. 1998; 1999, zitiert nach Faulstich-Wieland & Willems, 2002).

Erfahrungen in der Berufswelt sind hoch effektiv, wenn es um die Informationssuche bei der Studien- und Berufswahl geht.

Nach Einschätzung von Studienberechtigten ist der Informationsgewinn durch eigene berufliche Erfahrungen im Vergleich zu anderen Informationsquellen, die im Rahmen der Studien- und Berufswahl genutzt werden, am größten (Lewin 1997). Doch nur 17% hatten eine solche Erfahrung gemacht. Zum Vergleich: 75% der im Rahmen der Studie befragten Studienberechtigten haben die Berufsberatung des Arbeitsamtes genutzt.

Schülerinnen unterschätzen ihre mathematisch-naturwissenschaftlichen Schulleistungen und machen sie nur selten beruflich nutzbar, indem sie ein Ingenieurstudium wählen.

Allgemein kommt es im Verlauf der Sozialisation bei Jungen zu einem weitaus stärkeren Anstieg der Leistungsselbsteinschätzung als bei Mädchen, wie Horstkemper in einer Längsschnittstudien nachweisen konnte (ebd., 1987).

Im Fach Mathematik überschätzen Jungen ihre Fähigkeiten und Mädchen unterschätzen sie (Hannover & Bettge, 1993). Bestätigt wird diese Tendenz auch durch einen internationalen Vergleich des mathematisch-naturwissenschaftlichen Unterrichts zum Ende der 8. Jahrgangsstufe. Hier zeigte sich, dass Mädchen im Vergleich zu Jungen ihre schulischen Fähigkeiten insbesondere in Mathematik und Physik systematisch unterschätzen. Bei gleicher Leistung überschätzen Jungen ihre eigenen fachlichen Fähigkeiten hingegen (TIMSS-Studie, zitiert nach BLK, 1997, S. 60 f.). Diese Diskrepanz zwischen den Geschlechtern fällt beispielsweise in den U.S.A. und in Japan deutlich geringer aus (ebd.).

Die geringe Selbsteinschätzung führt dazu, dass junge Frauen mit guten Leistungen im mathematisch-naturwissenschaftlichen Bereich diese selten in ihre Studien- und Berufswahl einbeziehen (Roloff & Evertz ,1992; Hoeltje u.a., 1995).

Die geringe Motivation junger Frauen, Ingenieurwissenschaften zu studieren, lässt sich nicht auf potentiell geringere Fähigkeiten zurückführen.

Dass Schülerinnen größere Kompetenzen und Potentiale für ingenieurwissenschaftliche Studiengänge und Berufe mitbringen, als sich in ihrem Studienwahlverhalten niederschlägt, dokumentiert der internationale Vergleich. Innerhalb der EU zeigt sich, dass in Ländern, in denen die Industrie einen relativ geringen Wirtschaftsfaktor darstellt, der Frauenanteil in den Ingenieurwissenschaften vergleichsweise hoch ist (z.B. Portugal (24,2%), Griechenland (17,2%), in Ländern mit hohem Wirtschaftsfaktor eher gering (Italien 6,5%, Deutschland 6,8%) (Klocke, 1996). In den osteuropäischen Ländern und in den USA ist der Frauenanteil in den Ingenieurwissenschaften ist der Frauenanteil drei- bis fünfmal so hoch wie in Deutschland (Heinzeling & Leyendecker, 1993; Wender & Grefen-Peters, 1996, zitiert nach Wender 1996). Dies sind deutliche Hinweise auf externe Barrieren und ein nicht ausgeschöpftes Fähigkeitspotential in der Bundesrepublik Deutschland.

Über schulische Interaktion und Unterrichtsstrukturen kann auf die Begabungsselbstkonzepte und die Entwicklung von Fachinteressen Einfluss genommen werden.

Frasch & Wagner haben schon vor zwanzig Jahren in ihren Untersuchungen zum Lehrerverhalten nachgewiesen, dass Jungen stärker wahrgenommen werden als Mädchen und sich Lehrkräfte - positiv wie negativ - mehr auf sie beziehen (ebd, 1982). Dieses Ergebnis ist häufig und in verschiedenen Kontexten repliziert worden und stellt einen wichtigen Ausgangspunkt für die Förderung von Schülerinnen im mathematisch-naturwissenschaftlichen Bereich durch (zeitweise) monoedukativen Unterricht dar (z. B. Brehmer, 1987; Enders-Dragässer & Fuchs, 1989; Kreienbaum & Metz-Göckel, 1992; Kaiser, 1992 zitiert nach Faulstich-Wieland 1995).

Hinzu kommen außerdem fachkulturspezifische Besonderheiten in der Interaktion und im Unterrichtsaufbau, die bei den Schülerinnen die Entwicklung von Interesse und Zutrauen hemmen. In einer aktuellen Untersuchung wurden in den Fächern Deutsch und Physik Geschlechtsunterschiede im Feedback und die Strukturiertheit des Unterrichts verglichen (Faulstich-Wieland & Willems, 2002). Dabei zeigten sich deutliche Unterschiede im Unterrichtsstil beider Fachkulturen, wobei der Physikunterricht bei den Mädchen die Entwicklung des Fachinteresses und die Herausbildung eines positiven Selbstkonzepts eher verhindert. Von den Physiklehrkräften werden Mädchen häufiger kritisiert als Jungen; explizites Lob kommt insgesamt kaum vor. Der Aufbau einer Unterrichtsstunde ist weniger erkennbar als im Deutschunterricht. Umgekehrt könnte über die Veränderung des Unterrichtsstils in der Physik hinsichtlich Feedback und Strukturiertheit positiv Einfluss genommen werden auf die Einschätzung der eigenen Fähigkeiten in diesem Bereich.

Erkundungsmöglichkeiten an Hochschulen spielen aus der Sicht der Schülerinnen und Schüler eine wichtige Rolle hinsichtlich der Verbesserung von Kenntnisse über Studiengänge im naturwissenschaftlich-technischen Bereich.

In einer Thüringer Studie wurde der Informationsstand der Schülerinnen und Schüler über naturwissenschaftlich-technische Studiengänge erfragt (Zerbe, 1998). Bezogen auf 13 angegebene Studiengänge, die alle an Thüringer Hochschulen angeboten werden, gaben nie mehr als 27% der Schüler und 23% der Schülerinnen an, sie fühlten sich umfassend informiert. Umgekehrt bemängeln bis zu 70% der Schülerinnen und 69% der Schüler, sie seien zu wenig informiert über die einzelnen Studienfächer (ebd., 1998, S. 59).

Die Frage danach welche Perspektiven und Einsatzgebiete nach einem Mathematik-, Physik- oder Chemiestudium bestehen, beantworteten nur 20% der Befragten. Auch wenn diese Frage nicht geschlechtsspezifisch ausgewertet wurde, so ist dies doch ein deutliches Zeichen für ein Informationsdefizit.

An welchen Maßnahmen sie teilnehmen würden, um mehr über die Anforderungen naturwissenschaftlich-technischer Studiengänge und Anwendungsgebieten von Technik zu erfahren, zeigt Tabelle 6. Von den 13 Ankreuzmöglichkeiten bezogen sich sechs auf mögliche Erkundungsangebote an Hochschulen, wie Projekttage, Vorlesungen, Führungen oder die Sommerhochschule. Spezielle Angebote der Studien- und Berufsberatung werden von beiden Geschlechtern am häufigsten genannt.

Tab. 6: Angebote zur Verbesserung der Information über Anforderungen an naturwissenschaftlich-technische Studiengänge, die von den Befragten wahrgenommen würden

	W=170	m=156
Berufsberatung	65,5%	60,9%
Schule	50,2%	44,7%
Hochschule	45,2%	55,3%
Betriebe	42,4%	40,1%

(Zerbe 1997, S. 63, eigene Berechnungen)

Bei den Hochschulerkundungen sind die Projekttage von den Schülerinnen mit 58,9% am stärksten, Techniktage einzelner Studienrichtungen mit 23,1% am wenigsten nachgefragt. Die Sommerhochschule würde von 42,4% der Schülerinnen besucht werden, wobei davon auszugehen ist, dass dieses Angebot nicht allen Befragten bekannt ist. Ein Indiz dafür ist, dass Laborversuche und Führungen, die zentrale Module einer Sommerhochschule darstellen, mit 50,9% und 50% deutlich häufiger angegeben werden.

Über die Einschätzung des Informationsgewinns verschiedener Quellen, die im Rahmen der Studien- und Berufswahl genutzt werden, gibt eine repräsentative Untersuchung der Studienberechtigten von 1994 Auskunft (Lewin 1997). Zwar ist die Berufsberatung die am häufigsten genutzte Informationsquelle (75%), die damit verbundene Einschätzung des Informationsgewinns ist gegenüber anderen Quellen jedoch mit Abstand am geringsten (33%). Studienberechtigte sind sich darin mit Studienanfängern einig. Zum Vergleich: Informationstage und -börsen werden mit 21% am seltensten genutzt, einen „großen" und „sehr großen" Nutzen bescheinigen jedoch 58% dieser Informationsquelle.

Informationsdefizite über Studiengänge beim Studieneintritt begünstigen den Studienfachwechsel und den Studienabbruch.

Im Jahre 1983 haben 32% der Ingenieurstudentinnen und nur 9% der Ingenieurstudenten als Fachwechsler das Studium verlassen. Die Differenz zwischen den Geschlechtern ist zugleich die höchste bezogen auf alle Fächergruppen. Bei den Frauen erfolgt der Wechsel am häufigsten in den Bereich der Medizin (13%), gefolgt von den Wirtschafts- und Sozialwissenschaften (8%) (Kahle & Schaeper, 1991). Neuere Daten liegen bei der HIS GmbH nicht vor. Was die Gründe für den Wechsel angeht, so liegt bei Studentinnen allgemein ein „Mangel an Information über den Studiengang" auf Platz 2 mit 41% gleich hinter der „Attraktivität des neuen Studiengangs" mit 42% unter 10 Begründungen. Bei den Studenten liegt das Informationsdefizit mit 34% auf dem vierten Platz (ebd., S. 258 f.).

Dass falsche Vorstellungen aufgrund von Informationsdefiziten auch entscheidende Einflussfaktoren für den Studienabbruch sind, lässt sich aus unterschiedlichen Datenquellen erschließen. So ergeben die Befragungen der Exmatrikulierten 1992/93 in Hessen (Lewin u.a. 1994a) sowie in Nordrhein-Westfalen (Lewin u.a. 1994b) ein ähnliches Bild hinsichtlich des Zeitpunkts des Studienabbruchs. In NRW bricht rund ein Sechstel aller bereits kurz nach Studienbeginn und ein weiteres Drittel nach einer Orientierungsphase das Studium ab. Bis zur Zwischenprüfung haben mehr als 67% der Abbrecherinnen und Abbrecher diese Entscheidung getroffen (Lewin u.a. 1994b). Desinteresse und Kritik an den Studieninhalten spielen vor allem in den ersten Semestern eine große Bedeutung, von 23% in Hessen und von 28 % in NRW als ausschlaggebender Grund an erster Stelle genannt (Lewin u.a. 1994a, S. 75 f.). Laut einer aktuellen Untersuchung zum Studienabbruch gibt der Zeitpunkt des Studienabbruchs deutliche Hinweise auf die Motive und die Lebenslage der Exmatrikulierten. „Ein früher Abbruch basiert meist auf Identifikationsproblemen, auf falschen Studien- und Ausbildungsentscheidungen" (Griesbach u.a. 1998, S. 22).

Bei Berufsorientierungsangeboten wünscht sich ein Großteil der Schülerinnen und Schüler auch monoedukative Angebote.

In einer Thüringer Studie zeigte sich, dass 10% der Mädchen sich immer und 36% manchmal Veranstaltungen nur für Mädchen wünschen (Zerbe, 1997, S. 30). Interessant ist in diesem Zusammenhang, dass monoedukative Angebote sogar in etwas größerem Ausmaß von den Jungen gewünscht werden. 14,4% wünschen sich immer und 32,7% manchmal solche Programme. Dies ist in sofern bemerkenswert, als dass die gleiche Stichprobe monoedukativen Schulunterricht zu 90% ablehnt. Nur 8,2% der Mädchen und 9,6% der Jungen befürworten ihn (ebd., S. 27 f.).

2.3.1 Schlussfolgerungen

Im Bereich der Studienfachwahl steht die Chancengleichheit, wie sie bereits in der allgemeinen Bildungsbeteiligung erreicht wurde, noch aus. Das geschlechtsspezifische Studien- und Berufswahlverhalten wird nach wie vor aufrechterhalten. Der Forschungsüberblick macht aber auch deutlich, dass in der Oberstufe noch Einfluss auf die Studienorientierung genommen werden kann. Das Fehlen klarer Studien- und Berufswünsche, die Veränderlichkeit von Berufswünschen, die Bedeutung von Zufallseinflüssen und vor allem die Rolle der Schule in der Studienvorbereitung ermutigen dazu.

Die hohe Bereitschaft, Orientierungsangebote in Hochschulen anzunehmen und die Ergebnisse zum Zusammenhang zwischen Informationsdefiziten zu Studiengängen und dem frühen Studienabbruch sind Hinweise darauf, dass Interventionen wie die Sommerhochschule an einem nachgewiesenen Bedarf anknüpfen. Der Wunsch nach monoedukativen Berufsorientierungsangeboten liegt auf der gleichen Linie und sollte verstärkt aufgegriffen werden.

Die Unterschätzung der eigenen Leistungen und die Tatsache, dass sich die geringere Motivation junger Frauen, Ingenieurwissenschaften zu studieren, nicht auf potentiell geringere Fähigkeiten zurückführen lassen, weisen zugleich auf komplexere Prozesse hin. Diesen wird im nachstehenden Kapitel genauer nachgegangen.

2.4 Die Rolle der Selbstwirksamkeitserwartung bei Interventionen zur Veränderung der Studienorientierung

Im Folgenden wird zunächst die Theorie in Hinblick auf die Zielsetzung der Studie dargestellt. Anschließend werden Ergebnisse von Interventionsstudien im Bereich der Studienorientierung vorgestellt.

2.4.1 Die Theorie der Selbstwirksamkeit

Bandura entwickelte und erforschte das Konzept der Selbstwirksamkeit (*self-efficacy*) als Erweiterung seiner sozial-kognitiven Lerntheorie (1977, 1995, 1998), einer Theorie, die die kognitiven Bedingungen und Abläufe beleuchtet, die insbesondere in komplexen Lernsituationen oder Veränderungsprozessen eine Rolle spielen. Die Selbstwirksamkeitserwartung ist ein wichtiges Moment kognitiver Regulationsprozesse. Dabei handelt es sich um selbstbezogene Kognitionen über die eigenen Kompetenzen, eine Handlung erfolgreich ausführen zu können. Die eigenen Ressourcen werden daraufhin bewertet, ob sie ausreichen, wahrgenommene Anforderungen zu bewältigen. Auf dieser Basis fällt die Entscheidung für oder gegen bestimmte Handlungen oder Bewältigungsreaktionen (Bandura, 1977). Auch bei der Bewältigung von schwierigen Situationen läuft zunächst ein solcher Abwägungsprozess ab. Die gestellten Anforderungen an die eigene Person werden mit den eigenen Kompetenzen und Ressourcen abgeglichen (vgl. Bandura, 1977, 1997). Das Ergebnis - die situations- oder aufgabenspezifische Selbsteinschätzung - basiert auf einem komplexen Prozess, in dem das Auswählen, Gewichten und Integrieren von Informationen aus verschiedenen Quellen eine wichtige Rolle spielt (Oettingen, 1995, S.151).

Die Einschätzung der Kompetenz ist subjektiv, d. h. sie muss den tatsächlichen Fähigkeiten nicht entsprechen. So hängen z.B. Mathematikleistungen von Schülern nicht nur von deren Fähigkeiten in diesem Bereich ab, sondern auch stark von ihren subjektiven Überzeugungen darüber, wie gut sie Mathematikaufgaben lösen können (Collins, 1982, zitiert nach Bandura, 1997, S. 37). Die wahrgenommene Selbstwirksamkeit hat sogar eine höhere Vorhersagekraft für eine nachfolgende Leistung als eine vorangegangene Leistung. So haben es Bandura und seine Arbeitsgruppe immer wieder bestätigt (Hodapp & Mißler,

1996). Die Korrelation zwischen Selbstwirksamkeit und Leistung beträgt überhaupt nur zwischen r = .35 und r = .50 (Hackett und Betz, 1989). Die Selbstwirksamkeitseinschätzung wird dabei auch durch kulturelle (z.b. Oettingen, 1995) und geschlechtsspezifische (z.b. Betz & Hackett 1981) Einflüsse geprägt.

Selbstwirksamkeitserwartungen haben vor allem Einfluss

- auf die Auswahl von Handlungen - wobei hier vor allem der Schwierigkeitsgrad eine Rolle spielt,
- auf die investierte Anstrengung, ein Ziel zu erreichen,
- auf die Ausdauer auch angesichts von Schwierigkeiten und Barrieren sowie
- indirekt auf den Grad des Handlungserfolges.

Selbstwirksamkeitserwartung stellt einen zentralen Motivationsfaktor dar, der darüber mitbestimmt, in welche Situation jemand sich begibt. Demnach spielt sie auch bei der Frage nach der Studienwahl ein wichtige Rolle.

Die Selbstwirksamkeitserwartung kann allgemein oder spezifisch untersucht werden. Bandura selbst hat Kompetenzerwartungen meistens spezifisch formuliert und sich in seinen Studien auf die Leistungen von Personen in ganz bestimmten Lernsituationen bezogen. Er benennt drei Ebenen der Selbstwirksamkeitserwartungen mit unterschiedlicher Spezifität (ebd., 1998):

- Erwartungen bezogen auf eine spezielle Verhaltensweise unter bestimmten Bedingungen
- Erwartungen für eine Gruppe von Leistungen innerhalb eines Wissensbereichs
- Erwartungen von Leistungen ohne die Spezifizierung der Aktivitäten oder Rahmenbedingungen

2.4.1.1 Quellen der Selbstwirksamkeitsüberzeugung

Auf dem Hintergrund der Theorie der Selbstwirksamkeit lassen sich kognitive Regulationsprozesse und Handlungen von Menschen erklären. Die Stärke der Selbstwirksamkeitsüberzeugung ist veränderbar. Sie lässt sich in unterschiedlichem Ausmaß durch vier verschiedene Lernprozesse steigern (Bandura, 1998):

(1) **Direkte Erfahrung** der erfolgreiche Bewältigung von Anforderungen durch eigene Anstrengung

Die Leistung wird selbst erbracht. Durch aktives Handeln und die Bewältigung einer Aufgabe wird eine „wohldosierte Erfolgserfahrung" (Schwarzer, 1995) vermittelt. Der Schwierigkeitsgrad der Aufgabe muss dabei so gewählt sein, dass der Erfolg den eigenen Anstrengungen und Fähigkeiten zugeschrieben wird. Erfolgserfahrungen stärken, Misserfolgserfahrungen dagegen schwächen die wahrgenommene Selbstwirksamkeit.

(2) **Indirekte (stellvertretende) Erfahrungen** durch die Beobachtung eines Modells, das die Anforderungen erfolgreich bewältigt (reales und symbolisches Modeling)

Voraussetzung dabei ist, dass die Modellperson als ausreichend ähnlich wahrgenommen wird (z. B. hinsichtlich Alter, Studienfach). Dann kann dieser soziale Vergleichsprozess die eigene Kompetenzerwartung steigern.

(3) **Symbolische Erfahrung** in Form von verbaler Überzeugungen oder Überredung

Dabei ist wichtig, dass Ermutigung und Zuspruch durch Personen erfolgen, die als glaubwürdig eingeschätzt werden.

(4) Emotionale Erregung, insbesondere deren subjektive Deutung in einer zu bewältigenden Situation

Wahrgenommene Erregung, die negativ erlebt wird, kann zu einer geringeren Bewertung der eigenen Kompetenzen führen. Sie wird dann als ein Zeichen dafür aufgefasst, dass die eigenen Handlungsressourcen nicht ausreichend sind. Wird sie jedoch positiv erlebt, so wirkt sie handlungsaktivierend.

Die vier Quellen sind unterschiedlich effektiv. Die durch eigenes Handeln erworbene Selbstwirksamkeit (direkte Erfahrung) ist im Vergleich zu den anderen drei Quellen der Selbstwirksamkeit am stärksten gefestigt.

Selbstwirksamkeitserwartungen haben eine große Auswirkung auf die Motivation. Eine positiv-optimistische Selbstwirksamkeitserwartung, also eine eher hohe Ausprägung führt dazu, dass

- besonders herausfordernde Aufgaben mit eher hohem Schwierigkeitsgrad gewählt werden,
- große Anstrengung auf den Gegenstand verwandt wird und
- auf Schwierigkeiten oder das anfängliche Ausbleiben von Erfolgen mit Ausdauer reagiert wird.

Dabei ist eine leichte Überschätzung der eigenen Kompetenz eher positiv, eine starke Überschätzung hingegen kann zu unrealistischen Entscheidungen und Fehlhandlungen führen, die Misserfolge mit sich bringen.

Von der Selbstwirksamkeitserwartung ist die Handlungsergebnis- oder auch Konsequenzerwartung zu unterscheiden. Dabei geht es um die subjektiven Vorstellungen von den Konsequenzen einer Handlung. Diese Vorstellungen sind von individuellen Einstellungen und sozialen Normen geprägt. Die Konsequenzen einer Handlung lassen sich als Konditionalsätze formulieren (wenn.... dann...). In Abgrenzung dazu handelt es sich bei der Selbstwirksamkeitserwartung um die Stärke des Vertrauens in die Kompetenz, eine Handlung erfolgreich ausführen zu können, die sich sprachlich im Grad der Gewissheit ausdrücken lässt. Selbstwirksamkeit- und Konsequenzerwartung stellen situationsspezifische kognitive Kausalbeziehungen dar. Beide sind Einflussgrößen, die Zielsetzungen und Handlungen bestimmen, wobei der Selbstwirksamkeit ein größerer Einfluss zukommt.

2.4.1.2 Berufliche Selbstwirksamkeitserwartung

Die berufliche Selbstwirksamkeitserwartung ist als generelle Größe nur schwer einzuschätzen. So besteht nur ein geringer Zusammenhang zwischen wahrgenommener Selbstwirksamkeit, bestimmte berufliche Aufgaben zu erfüllen und der berufsrollenbezogenen Selbstwirksamkeit (Ayers, 1980; Matsui & Tsukamoto, 1991; Rooney & Osipow, 1992, zitiert nach Bandura 1998). Außerdem lassen sich Selbstwirksamkeitsüberzeugungen zu verschiedene Gruppen von Arbeitsaufgaben nicht gleichsetzen mit genereller beruflicher Selbstwirksamkeit („overall occupational self-efficacy"), denn Beurteilungen über Fähigkeiten die für eine bestimmte Arbeit gebraucht werden, entstehen nicht, indem Teilfähigkeiten eingeschätzt werden, die für die effektive Erledigung einer Aufgabe gebraucht werden. Dennoch spielt die Selbstwirksamkeitserwartung bei der Berufswahl eine wichtige Rolle.

2.4.1.3 Selbstwirksamkeit und Berufswahl

Bandura hat die Bedeutung der Selbstwirksamkeitserwartung für den Bereich der beruflichen Entwicklung bestätigt (Bandura & Wood, 1989; Bandura, 1998). Auch bei der Studienwahlentscheidung laufen Abwägungsprozesse ab zwischen der subjektiven Einschätzung der eigenen Kompetenz und den wahrgenommenen Anforderungen in den verschiedenen Tätigkeitsbereichen. Erst auf der Grundlage dieser Einschätzung wird eine Entscheidung getroffen und in Handlung umgesetzt.

Der Prozess der Berufswahl ist komplex. Um berufliche Entscheidungen zu treffen, muss man sich auseinandersetzen mit

- den Unsicherheiten bezüglich der eigenen Fähigkeiten,
- der Stabilität von Interessen,
- den jetzigen und langfristigen Perspektiven von alternativen Berufsentscheidungen,
- der Frage, welche Art von Identität man für sich entwickeln möchte (Bandura, 1998, S. 423).

Je höher die wahrgenommene Selbstwirksamkeitsüberzeugung ist, Bildungsanforderung und Berufsfunktionen erfüllen zu können, um so breiter ist das Berufswahlspektrum und um so größer ist das Interesse an diesen Optionen (Betz & Hackett, 1981, Lent u.a., 1986).

Über das Ausmaß der Selbstwirksamkeitserwartung lässt sich der Umfang des Berufswahlspektrums vorhersagen, das für jemanden in Frage kommt, wenn gleichzeitig die Einflußfaktoren „akademische Leistungen" und „berufliches Interesse" kontrolliert werden.

Geschlechtsunterschiede im Berufswahlverhalten können im Rahmen der Selbstwirksamkeitstheorie erklärt werden. Zur Frage des Zusammenhangs zwischen Selbstwirksamkeitserwartung und der Berufswahl von Frauen liegen eine Reihe von Untersuchungen vor (Lapan, Shaughnessy & Boggs, 1996; Simpson, 1996, im deutschsprachigen Raum: Wender 1996). Was Geschlechtsunterschiede im Berufswahlverhalten angeht, so wiesen Betz und Hackett 1981 erstmals empirisch nach, dass diese im Rahmen der Selbstwirksamkeitstheorie erklärt werden können. Sie fanden heraus, dass es keine signifikanten Geschlechtsunterschiede in der Selbstwirksamkeitsüberzeugungen bezogen auf eine große Anzahl von Berufsfeldern gibt. Wohl aber traten signifikante Unterschiede auf, wenn zwischen männlich dominierten und eher weiblich konnotierten Berufen unterschieden wurde. Die berufliche Selbstwirksamkeitserwartung war bei den männlichen Studenten konstant über alle Berufsfelder, bei den Studentinnen hingegen fiel die berufsbezogene Selbstwirksamkeitsüberzeugung bezogen auf männlich dominierte Berufe signifikant geringer aus. Dieses Ergebnis wurde von Wender für den deutschsprachigen Raum repliziert (z.B. Strohmeyer & Wender, 1996). So ist beispielsweise die berufsbezogene Selbstwirksamkeitserwartung bei den Mädchen signifikant größer als die der Jungen in der Sozialpädagogik und beim Beruf der Kunsthistorikerin. Bezogen auf die einzelnen naturwissenschaftlich-technischen Berufe und über die gesamte Gruppe ist die Selbstwirksamkeitserwartung der Mädchen signifikant geringer. Über alle Berufsfelder hinweg unterschied sich nicht (ebd.).

Bei der Beschränkung junger Frauen auf ein geringeres Berufsspektrum spielt die berufsbezogene Selbstwirksamkeitserwartung eine größere Rolle als Interessen, Werte und Fähigkeiten. Hackett berichtet, dass mathematikbezogene Selbstwirksamkeit bei der Vorhersage von Berufswahlverhalten die größte Bedeutung zukommt, wenn es um die Wahl von mathematikgeprägten Studienfächern geht. Selbst Fähigkeiten oder zurückliegende Erfahrungen haben nicht diese Vorhersagekraft (ebd., 1995, S. 240 f). Bores-Rangel, Church, Szendre und Reeves (1990) fanden signifikante Zusammenhänge zwischen Selbstwirksamkeit und wahrgenommenen Karriereoptionen. Eine hohe Selbstwirksamkeit führt dazu, ein breiteres Spektrum an Karriereoptionen für sich in Betracht zu ziehen auch wenn Unterschiede in der Fähigkeit, der akademischen Leistung und den beruflichen Interessen kontrolliert werden (Bandura, 1998). Selbstwirksamkeit und Wahlverhalten beeinflussen sich gegenseitig. Niedrige Selbstwirksamkeit führt zur Meidung eines bestimmten Bereiches und weniger Erfahrungen in diesem Bereich führen wiederum zu einer geringen Selbstwirksamkeit.

Eine geringe Einschätzung der eigenen Selbstwirksamkeit bezogen auf einen bestimmten Bereich kann dann realistisch sein, wenn diese mit geringen Fähigkeiten auf diesem Gebiet einhergeht. Jedoch zeigt die Untersuchung, dass es keinerlei Zusammenhang gibt zwischen den gemessenen Fähigkeiten und der Wahrnehmung der Fähigkeit, einen bestimmten Beruf erfolgreich auszuüben (Betz & Hackett, 1981). Die Meidung dieser Berufe ist demnach stärker von wahrgenommener Kompetenzüberzeugung abhängig ist als von den tatsächlichen Fähigkeiten. Gerade im Bereich der Mathematik ist der Unterschied zwischen Selbstwirksamkeitserwartung und realer Kompetenz bei Frauen größer als bei Männer, wie das folgende Ergebnis zeigt. Konfrontiert mit dem gleich Ausmaß an Misserfolg bei der Lösung von Mathematikaufgaben, bewerten sich Frauen als weniger fähig und behandeln sich strenger („more harshly") als Männer (Campbell & Hackett, 1986).

Gründe für geringe Selbstwirksamkeitserwartung in Bereichen, die Mathematikkompetenz erfordern, sind der

- Mangel an Erfahrung, erfolgreich in Mathematik zu sein (direkte Erfahrung),
- Mangel an Gelegenheit, andere Frauen als kompetent in Mathematik zu erleben (indirekte Erfahrung),
- Mangel an Ermutigung durch Eltern und Lehrer (symbolische Erfahrung).

Diejenigen, die bereits gute mathematische Fähigkeiten mitbringen, würden von einem Umfeld profitieren, in dem über direkte, indirekte und symbolische Erfahrung die Einschätzung der Selbstwirksamkeitserwartung mit der realen Mathematikkompetenz in Einklang gebracht würde. Auch ein Maßnahmenkatalog müsste alle drei Dimensionen berücksichtigen. Denn eine mögliche Konsequenz der Steigerung der Selbstwirksamkeit ist die Erweiterung des Berufswahlspektrums: „Interventions based on Bandura's (1977a) model could be directed at increasing perceptions of self-efficacy and, as a possible consequence, increasing th range of career options from which the individuals could choose" (Betz & Hackett, 1981, S. 409). Im folgenden Abschnitt werden die Ergebnisse von Interventionsstudien in diesem Bereich vorgestellt.

2.4.2 Interventionen zur Steigerung ingenieurberufsbezogener Selbstwirksamkeitserwartung bei jungen Frauen

Die Ansatzpunkte für Interventionen zur Steigerung der berufsbezogenen Selbstwirksamkeitserwartung liegen sowohl auf der sozialen als auch auf der individuellen Ebene. Bisher gibt es nur wenige Interventionsstudien. Im Folgenden werden ausgewählte Untersuchungen und ihre Ergebnisse dargestellt.

2.4.2.1 Überblick über die Forschungslage

Bandura selbst berichtet nur von einem Interventionsprogramm, das entwickelt wurde, um den Anteil an Minderheiten unter den Studierenden am College zu steigern (1998, S.438 f.). Diese Programm wurde jedoch nicht systematisch beforscht. Bandura zieht einen Zeitungsartikel mit den darin zitierten Äußerungen der Teilnehmenden heran (Cannon, 1988 zit. nach Bandura). Äußerungen wie „Als ich über das College nachdachte, hatte ich erst Angst, es könnte zu schwer sein. Jetzt weiß ich, dass ich es schaffen kann" sind demnach ein deutlicher Hinweis auf die Steigerung der Selbstwirksamkeit in einem College Kurs an einer High-School, der durch studentische Tutoren unterstützt wurde (Lernen am Modell).

Im deutschsprachigen Raum hat Wender Interventionsstudien zur berufsbezogenen Selbstwirksamkeitserwartung durchgeführt (Wender, 1996; Wender & Sklorz-Weiner, 2000; Wender, Schade & Vahjen, 2000). Ausgangspunkt sind die Ergebnisse von Studien zur geschlechtsspezifischen Berufswahl (siehe 2.3.1.3).

Technische und techniknahe Berufe werden von jungen Frauen dann nicht in Betracht gezogen, wenn sie eine geringe Selbstwirksamkeitserwartung in diesem Bereich aufweisen (Betz & Hackett, 1981). Im Rahmen der Begleitforschung zum Modellprojekt „Technik zum Be-Greifen" wurde die Theorie hinsichtlich der ingenieurberufsbezogenen Selbstwirksamkeitserwartung angewandt und bewährte sich in diesem interventionsorientierten Kontext (z. B. Wender, Strohmeyer & Quentmeier, 1997; Wender, Schade & Vahjen, 2000). Die ingenieurberufsbezogene Selbstwirksamkeitserwartung kann durch spezielle Interventionen gesteigert werden, ebenso wie das Interesse (Wender, Schade & Vahjen 2000).

Das Interventionsprogramm - ein dreiwöchiges Praktikum - wurde eng an den Einflussvariablen zur Steigerung (oder Reduzierung) der Selbstwirksamkeitserwartung konzipiert. Z.B. wurde während der Praktikumszeit ein eigenes Werkstück erstellt (direkte Erfahrung), die Teilnehmerinnen wurden von technisch versierten Frauen betreute (indirekte Erfahrung), und zwar mit explizit bekräftigender Unterstützung (symbolische Erfahrung). Durch angemessene Aufgabenschwierigkeit und Einbindung in die Institution sollte zugleich eine angstfreie Lernatmosphäre geschaffen werden (emotionale Erregung). Die Praktikumstellen waren im naturwissenschaftlich-technischen Bereich angesiedelt, in Instituten der TU Braunschweig sowie anderen Forschungseinrichtungen und Betrieben.

Für die praktikumsbezogenen Berufe Bauingenieurin, Maschinenbauingenieurin und Elektrotechnikerin wurden 1994 vor und nach dem Praktikum Selbstwirksamkeitserwartung, Interesse und Wahlabsicht auf einer sechsstufigen Skala erhoben. Gegenüber den Kontrollgruppen der an nichttechnischen Praktika teilnehmenden Schülerinnen (N=22) und Schüler (N=42) haben sich bei den Teilnehmerinnen (N=24) Selbstwirksamkeit und Interesse signifikant verändert - sie haben zugenommen. In der Frage, ob sie diese Fächer auch in die engere Berufswahl gezogen haben, unterscheiden sich die Gruppen nicht signifikant (Strohmeyer & Wender 1996). 1998 gab es eine ähnliche Tendenz, die jedoch in allen drei Ausprägungen statistisch nicht signifikant war (Wender & Sklorz-Weiner 2000). Bereits die Einschätzungen von Interesse und Wahlabsicht der Praktikumsteilnehmerinnen vor der Intervention sind in beiden Jahren tendenziell höher als die anderen Schülerinnen - es handelt sich also nicht um eine Zufallsgruppe.

In einem Prä-Post-Vergleich aller Praktikumsteilnehmerinnen 1994-1998 (N=80) zeigte sich, dass sowohl bei der Selbstwirksamkeitsüberzeugung als auch beim Interesse eine hochsignifikante Zunahme zu verzeichnen ist. Auch bei der Berufswahlabsicht gibt es eine Zunahme, die jedoch nicht signifikant ist (Wender, Schade & Vahjen 2000).

Insgesamt ist das dreiwöchige Berufspraktikum effektiv hinsichtlich der Steigerung der ingenieurberufsbezogenen Selbstwirksamkeitserwartung und zur Erweiterung des beruflichen Interesses.

Forschungsergebnisse zeigen, dass Selbstwirksamkeitserwartung eine starken und direkten Einfluss auf den Prozess der Berufswahl ausübt. Selbstwirksamkeit beeinflusst darüber hinaus die Entwicklung von zentralen Einflussvariablen auf die Vorhersage von Berufsentscheidungen (z.B. Interessen, Werte, Ziele, vgl. Hackett, 1995). Die Stärke der berufsbezogenen Selbstwirksamkeit ist ein Indikator für berufliche Interessen die Tendenz, einen bestimmten Beruf in die engere Wahl zu ziehen und einen Beruf tatsächlich zu wählen (ebd., S. 236).

Berufsbezogene Selbstwirksamkeit hat zudem einen bedeutsamen Einfluss auf die beruflichen Interessen („career interests"), die Tendenz, einen bestimmten Beruf in die engere Wahl zu ziehen („occupational consideration") und auf den Schritt, einen Beruf tatsächlich zu wählen („career choice"; Hackett, 1995). Lent u.a. zeigen sogar, dass systematische Interventionen der Selbstwirksamkeit sogar noch zu Beginn des Studiums negative Einstellungen gegenüber Mathematik und Naturwissenschaften verändern können (1984, zitiert nach Lapan, Shaughnessy & Boggs 1996).

Welche Rolle spielen in diesem Zusammenhang Interesse und Information? Diesen Frage wird in den folgenden Abschnitten nachgegangen.

2.4.2.2 Zusammenhänge zwischen berufsbezogener Selbstwirksamkeit, beruflichem Interesse und Berufswahlverhalten

Zwischen beruflichem Interesse und Selbstwirksamkeitserwartung besteht nach Bandura eine reziproke und zugleich asymmetrische Beziehung: Der Einfluss der Kompetenzerwartung auf das Interesse ist demnach stärker als umgekehrt (ebd., 1998, S. 424). Nach Betz und Hackett ist die Beziehung zwischen beiden noch nicht vollständig aufgeklärt: „[...] although these variables are undoubtedly related, clarification of the nature and extent of the relationships would contribute to the understanding of factors important to career choice and provide suggestions for appropriate points of intervention." (Betz & Hackett, 1981, S. 409).

Zwischen der Selbstwirksamkeitserwartung und dem Interesse nimmt auch Wender eine reziproke Beziehung an, die sie jedoch nicht als asymmetrisch definiert. „Interessen können zur Steigerung von Selbstwirksamkeitserwartungen beitragen, weil sie als Handlungstendenzen zur Auseinandersetzung mit bestimmten Gegenständen (vgl. Todt, 1990) erfolgreiche Verhaltensausführung wahrscheinlich machen." (Wender 1999, S. 139). Technikinteresse wiederum werde dann entwickelt, wenn Tätigkeiten in diesem Bereich ausgeführt werden und sich die Person darüber als kompetent erlebe (ebd.).

Zum Zusammenhang zwischen Selbstwirksamkeitsüberzeugungen und beruflichem Interesse liegen auch eine Reihe von empirischen Untersuchungen vor (für den naturwissenschaftlich-technischen Bereich z.B. Lent u.a., 1989). Je höher die wahrgenommene Selbstwirksamkeitserwartung ist, Studieninhalte in verschiedenen naturwissenschaftlich-technischen Disziplinen zu bewältigen, um so größer ist das Interessen an diesen Berufen. Der Zusammenhang zwischen Selbstwirksamkeitsüberzeugung und Interesse ist bereichsspezifisch, ob eine Person sich innerhalb dieses Bereich wiederum spezialisiert, oder in die Breite orientiert, wird dadurch jedoch nicht determiniert. Für beide Interessensausrichtungen liegen Studien vor, Generalisierung (Lapan, Boggs & Morrill, 1989; Lent, Lopez & Bieschke, 1991) und Spezialisierung (Bieschke, Bishop & Garcia, 1996).

Wie hängen Selbstwirksamkeitserwartung und Interesse nun wiederum mit dem Berufswahlprozess zusammen? Nach Lent (u.a.) beeinflussen Selbstwirksamkeitserwartungen die Berufswahlentscheidung indirekt über das Interesse (ebd., 1991).

2.4.2.3 Einfluss von Information auf die berufsbezogene Selbstwirksamkeitserwartung

Der Einfluss von Berufsinformationen auf die Messungen von Selbstwirksamkeitserwartungen wurde noch nicht direkt untersucht. Nach Hackett (1995) ist es sehr wahrscheinlich, dass die Bereitstellung von Information an sich schon eine Intervention darstellt (ebd.,

S. 237). Berufsinformationen können auch zu ganz unerwarteten Einschätzungen der Selbstwirksamkeit führen, denn Entscheidungen über den Beruf fallen auf der Basis individueller Vorstellungen darüber. Diese können auch durch Stereotype geprägt sein. Wenn man z.b. versuchen würde, die Selbstwirksamkeitserwartung in bezug auf bestimmte für einen Beruf erforderliche Teilkompetenz zu steigern, so führt das nicht unbedingt zu einer Steigerung der Selbstwirksamkeitsüberzeugung hinsichtlich der Wahl dieses Berufs. „In performing activities, people may discover new things about the task as well as about themselves. These discoveries can sometimes produce seemingly paradoxical effect of sucess lowering perceives self-efficacy." Trotz der erfolgreichen Bewältigung kann die Selbstwirksamkeit reduziert werden. Bandura, 1998, S. 82 f.) Eine intensive Begegnung mit einem zunächst wenig bekannten Bereich kann neue Aspekte deutlich machen, die zunächst zu einer Abnahme der Selbstwirksamkeit führen können.

2.4.3 Diskussion und Schlussfolgerungen

Auch wenn es bisher nur wenige interventionsbezogene Studien gibt, können auf der Basis der Forschungsergebnisse konkrete Empfehlungen für Interventionsprogramme gegeben werden. Die Angemessenheit von Banduras Theorie als Erklärungsmodell für die Ausrichtung von Frauen auf geschlechtstypische Berufe und die Distanz zu männlich dominierten Berufsfeldern wird im deutschen Sprachraum 1996 von Strohmeyer & Wender nachgewiesen (zitiert nach Wender 1999, S. 140).

Doch zugleich ist die „berufliche Selbstwirksamkeitserwartung" als generelle Größe nur schwer einzuschätzen, da nur ein geringer Zusammenhang zwischen wahrgenommener Selbstwirksamkeit, bestimmte berufliche Aufgaben zu erfüllen und der berufsrollenbezogenen Selbstwirksamkeit besteht (vgl. 2.3.1.2). In Bezug auf Frauen im Ingenieurberuf kann das ganz entscheidend sein. Es reicht nicht aus, das Zutrauen im Umgang mit Technik (direkte Erfahrung) zu steigern, wenn das Zutrauen, die berufliche Rolle auszufüllen, nicht erhöht wird (z.B. durch stellvertretende Erfahrung: Studentinnen und berufstätige Frauen im Ingenieurberuf).

In der Forschung und in der Weiterentwicklung der Theorie von Bandura geht die Tendenz dahin, den Fokus weniger auf den Inhalt (z.B. mathematikbezogen) sondern mehr auf den Prozess der Berufswahl zu richten und in diesem Zusammenhang nach der Bedeutung von Selbstwirksamkeitsüberzeugungen zu fragen (Hackett 1995). Hier spielen eine ganze Reihe spezifischer Arten der Selbstwirksamkeit eine Rolle: mathematik- und naturwissenschaftsbezogene, ingenieurberufsbezogene und die Selbstwirksamkeitserwartung, Beruf und Familie vereinbaren zu können (ebd.). Diese Ausdifferenzierung der Selbstwirksamkeitserwartung wird der Komplexität der beruflichen Entscheidung zwar gerecht, macht die Theorie aber unpräzise und wirft die Frage auf, ob alle diese spezifischen Dimensionen der Selbstwirksamkeit durch Interventionen erreichbar sind und ob nicht schließlich doch eine grundlegendere, eben nicht bereichsspezifische Selbstwirksamkeit entscheidenden Einfluss auf die Berufswahl hat.

Nichtsdestoweniger ist die Selbstwirksamkeitserwartung bei Interventionen zur Veränderung der Studienorientierung von zentraler Bedeutung. Effektive Interventionen zur Modifikation der geschlechtstypischen Berufsorientierung und Erhöhung des Frauenanteils in natur- und ingenieurwissenschaftlichen Studiengängen zielen auf die Steigerung der Selbstwirksamkeitserwartung durch direkte Erfahrung (Verhaltensausführung), indirekte Erfahrung (Modellernen), symbolische Erfahrung (verbale Überzeugung durch andere Personen), sowie positive emotionale Erregung. Die vorliegende Studie untersucht die Wirksamkeit der Intervention Sommerhochschule auf dem Hintergrund dieser Theorie.

3. Die Sommerhochschule in naturwissenschaftlich-technischen Studiengängen für Schülerinnen und andere interessierte Frauen

Die Sommerhochschule in naturwissenschaftlich-technischen Studiengängen gehört in den Kanon einer ganzen Reihe von Maßnahmen an der Schnittstelle Schule-Hochschule, deren Ziel es ist, den Frauenanteil in qualifizierten naturwissenschaftlich-technischen Berufen zu erhöhen. Die erste „Sommeruniversität für Frauen" ist ein Ergebnis des 1990-1993 durchgeführten Projekts „Frauen und Technik" unter der Leitung von Dr. C. Kucklich. Ausgangspunkt waren Untersuchungsergebnisse, die ergaben dass sich Schülerinnen zwar für Technik interessieren, aber dieses Interesse nur selten in ihre Berufsplanung mit einbeziehen. Außerdem nehmen Mädchen an sogenannten „Tagen der offenen Tür" seltener teil. 1992 wurde die ersten Veranstaltung nur für Mädchen mit 56 Teilnehmerinnen durchgeführt. Die erste bundesweite Sommeruniversität fand 1994 an der Gesamthochschule Duisburg mit insgesamt 231 Teilnehmerinnen statt. 64 davon hospitierten für zwei bis drei Tage, alle anderen nahmen an einem der beiden Wochenprogramme teil (Kucklich, 1996). Die Veranstaltung wird jährlich angeboten.

An Fachhochschulen lagen Erfahrungen mit der Sommerhochschule Anfang der neunziger Jahres des 20. Jahrhunderts noch nicht vor, auch wenn mit den „Mädchen-Technik-Tagen" bereits Erkundungs- und Orientierungsmöglichkeiten für junge Frauen mit großer Resonanz veranstaltet worden waren. Im November 1994 wurden die Erfahrungen der Duisburger Sommeruniversität im Rahmen der Tagung *„Berufsziel: Ingenieurin"* der beiden niedersächsischen Modellprojekte „Motivation von Frauen und Mädchen für ein Ingenieurstudium" der vier Fachhochschulen der Weser-Ems-Region und „Technik zum Be-Greifen" übermittelt (Kosuch, 1996a; Konczalla, 1996).

In einem eigens auf die Fachhochschule zugeschnittenen Konzept wurde 1995 erstmals an der Fachhochschule Oldenburg die „Sommerhochschule für Schülerinnen und andere interessierte Mädchen und Frauen" veranstaltet. Schon ein Jahr später fand in Oldenburg die Sommerhochschule als Kooperationsveranstaltung der Fachhochschule, der Carl von Ossietzky Universität Oldenburg und der Berufsberatung für HochschülerInnen statt. Die Planungsgruppe wurde insbesondere für den hochschulübergreifenden Ansatz mit dem dritten Preis des „SPD Frauenpreises 1996" ausgezeichnet.

Im Folgenden werden zunächst der Begriff „Sommerhochschule" definiert (3.1) und die verschiedenen Ansätze und Umsetzungen dargestellt (3.2). Abschließend wird die Intervention „Sommerhochschule" in den Kontext der Theorie der Selbstwirksamkeitserwartung gestellt.

3.1 Begriffsklärung

Die „Sommeruniversität für Frauen" in Duisburg wird verstanden als eine „gleichstellungspolitische Maßnahme" für eine „gezielte Studienwahlorientierung" von jungen Frauen im naturwissenschaftlich-technischen Bereich (Kucklich, 1996; S. 10). Sie zielt vor allem auf den universitären Bereich. Die wichtigsten Kriterien lauten wie folgt (Tobias, 1996):

- eine Woche, ganztägig,
- Information über das Studium in Vorlesungen, Seminare, Laborführungen, Praktika, Übungen,
- Mischung aus Vorträgen und eigenem Tun,
- individueller Stundenplan auf der Basis der geäußerten Wünsche bei der Anmeldung,
- tutoriell gestützt,
- Vorstellen weiblicher Vorbilder.

Die in dieser Studie untersuchten Veranstaltungen zur Studienwahlorientierung in den Fachhochschulen und Universitäten der Weser-Ems-Region liefen zumeist unter dem Begriff „Sommerhochschule". Diese Bezeichnung wird daher in dieser Studien vorrangig verwendet, obwohl sich inzwischen ganz unterschiedliche Begriffe für diese Veranstaltungsform entwickelt haben. Dazu gehören „Sommerstudienprogramm", „Schnupperstudium", „Schnupper-Uni", „Herbsthochschule", „Studieren probieren", „Studium auf Probe" und „Studentin auf Probe".

Die Schnupperstudien-Angebote lassen sich folgendermaßen charakterisieren:

- Die Veranstaltung wird von einer oder mehreren Hochschulen oder in deren Auftrag ausgerichtet.
- Sie dauert meistens eine Woche, ist in Einzelfällen aber auch kürzer.
- Sie richtet sich insbesondere an Oberstufenschülerinnen und Fachoberschülerinnen, aber auch an jüngere Schülerinnen und andere interessierte Frauen ab mindestens 16 Jahren.
- Angeboten wird ein spezielles Programm in unterschiedlichen naturwissenschaftlich-technischen Studiengängen.
- Das Programm setzt sich zusammen aus Einführungsveranstaltungen, Führungen, Vorlesungen, Demonstrationen, Übungen, sowie Gesprächsmöglichkeiten mit Studentinnen und Fachfrauen aus unterschiedlichen Praxisfeldern als „simulierter Studienanfang".
- Die Veranstaltungen unterscheiden sich im Grad der Wahlfreiheit bezüglich der Programmbausteine, weisen aber insgesamt vom Aufbau und Anmeldeprozedere einen hohen Grad der Verbindlichkeit auf.
- Diese wird auch hergestellt durch die tutorielle Betreuung, die ein zentrales Strukturelement der Veranstaltung darstellt.
- Häufig werden auch reguläre Semesterveranstaltungen für die Programmteilnehmerinnen geöffnet sowie Firmenerkundungen und Besichtigungen außerhalb der Hochschule angeboten.
- Die Sommerstudienplätze werden in der Reihenfolge der Anmeldungen vergeben. Eine Liste für Nachrückerinnen wird geführt. Die potentiellen Teilnehmerinnen entscheiden somit für sich selbst, ob sie sich der Zielgruppe zugehörig fühlen. Zudem ist das Prinzip fair und leicht vermittelbar.

In der Umsetzung haben sich durch die verschiedene Gewichtung dieser Kriterien eine große Spannbreite an verschiedenen Programmen entwickelt, wie in Abschnitt 3.2 aufgezeigt wird. Dennoch lässt sich die Sommerhochschule in einigen der zentralen Charakterisierungsmerkmalen von zwei anderen Studienorientierungs- bzw. -motivierungsangeboten für junge Frauen abgrenzen, den „Mädchen-Technik-Tagen" sowie fachspezifischen Workshopangeboten in naturwissenschaftlich-technischen Studiengängen. Dazu gehören das Alter der Teilnehmerinnen, in den meisten Fällen auch die Dauer der Veranstaltung, das Fächerspektrum und die Betreuungsintensität. „Mädchen-Technik-Tage" finden meist an ein bis drei Tagen statt. Sie sind in ihrer Konzeption mit vergleichsweise weniger Verbindlichkeit und Programmbetreuung angelegt und wenden sich häufig auch an jüngere Schülerinnen. Auch der Aspekt des Programmaufbaus in Anlehnung an den Studienanfang fehlt. Workshops unterscheiden sich vor allem darin, das sie meist in einem Fachbereich oder Studiengang angeboten werden, während die Sommerhochschule fachbereichsübergreifend konzipiert ist.

Diese definitorischen Abgrenzungen werden in dieser Studie als wichtig erachtet, denn alle untersuchten Veranstaltungen weisen die o.g. Kriterien auf und lassen sich so vergleichbar auch im Kontext der Theorie der Selbstwirksamkeitserwartung in ihrer Effektivität untersuchen (vgl. 3.3). In der Realität der Hochschulangebote hingegen verwischen diese Grenzen. So werden verschiedenenorts „Technik-Tage" unter dem Titel „Sommerhochschule" angeboten. Im Handbuch zur Steigerung der Attraktivität ingenieurwissenschaftlicher Studiengänge für Frauen wird auf eine Unterscheidung ganz verzichtet. Dort heißt es: „Während manche Veranstaltungen nur einen Tag dauern, erstreckt sich an anderen Hochschulen die „Schnupper-Uni" über einen ganze Woche" (Wissenschaftliches Sekretariat für die Studienreform, 2000; S. 40). Hier werden Mädchen-Technik-Tage zur Kategorie des „Schnupper-Studiums" gezählt.

Anzumerken ist außerdem, dass unter den verschiedenen Bezeichnungen für „Sommerhochschule" inzwischen auch koedukative Angebote zu finden sind.

„Was ist eine Sommerhochschule?" (aus dem Leitfaden zur Organisation einer Sommerhochschule für Oberstufenschülerinnen, Arbeitsgruppe Sommerhochschule, 1999; S. 11)

„Die Sommerhochschule ist eine Veranstaltung für Oberstufenschülerinnen mit dem Ziel, das Interesse junger Frauen für ein Ingenieurstudium zu wecken und zu stärken, indem die Vielfältigkeit von Studium und Beruf im Ingenieurbereich aufgezeigt und Zugangshürden abgebaut werden.

Einmal in Jahr in einer der letzten Wochen vor den Sommerferien erkunden zwischen 30 und 100 Sommerstudentinnen innerhalb eines Probestudiums verschiedene Fachbereiche mit ihren Studiengängen an einer Hochschule oder auch abwechselnd an einer Universität und Fachhochschule. Die Oberstufenschülerinnen erhalten eigens für sie konzipierte und durchgeführte Vorlesungen, Labor- und Werkübungen. Den Teilnehmerinnen wird so die Möglichkeit geboten, herauszufinden, welche Studiengänge für sie in Frage kommen und ggf. auch welche der beiden Bildungsinstitutionen ihrem eigenen Lernstil mehr entgegenkommt.

Je nach Größe der Veranstaltung stehen den Sommerstudentinnen zwei oder mehr Studienprogramme zur Auswahl. Die Teilnahme am gewählten Programm, das sich aus jeweils unterschiedlich bekannten und attraktiven Studiengängen zusammensetzt, ist in sich jedoch verbindlich.

Wie im Studium selbst werden die „Studentinnen auf Probe" zu einer Semestergruppe zusammengefaßt. An vier bis fünf Tagen durchlaufen die Sommerstudentinnen vormittags ein festes Programm, das aus Führungen, speziellen Vorlesungen ohne Vorkenntnisse, Praxiseinblicken und Gesprächsmöglichkeiten mit Studentinnen und Berufspraktikerinnen der jeweiligen Fachrichtung ermöglicht. Pro Vormittag wird auf diese Weise ein Fachbereich mit seinen Studiengängen oder auch nur ein Studiengang erkundet. An den Nachmittagen finden - je nach Konzept - Teile des Programms oder Begleitveranstaltungen statt.

Das Angebot ist kostenlos. Für Bustransfer, Bewirtung o.ä., werden geringe Gebühren erhoben."

3.2 Die Sommerhochschulveranstaltungen 1995-2000 in der Weser-Ems-Region

Die Sommerhochschulveranstaltungen haben sich an den verschiedenen Hochschulen regional unterschiedlich entwickelt. Im Folgenden werden die einzelnen Programm dargelegt und einem Vergleich unterzogen.

3.2.1 Fachhochschule Oldenburg/Carl von Ossietzky Universität Oldenburg

Die erste Sommerhochschule fand 1995 mit 36 Teilnehmerinnen am Standort Oldenburg der Fachhochschule statt. 90 Interessentinnen hatte sich um die Plätze beworben. Als Zeitpunkt wurde die letzte Schulwoche vor den Sommerferien gewählt, so dass Schülerinnen beim Fernbleiben vom Unterricht möglichst wenig verpassen würden. Die Kernzeit war an vier Tagen von 8.30 bis 13.15 Uhr mit verbindlichem Stundenplan. Zusätzlich wurden freiwillige Kurse an den Nachmittagen angeboten. Am ersten Tag standen nach einer großen Auftaktveranstaltung Führungen in Kleingruppen durch die Labore und Einrichtungen der Fachhochschule sowie ein Vortrag zu den Unterschieden zwischen einem Fachhochschulstudium und einem Studium an der Universität im Mittelpunkt. Daran anschließend wurde jedem der drei Fachbereiche Architektur, Vermessungs- und Bauingenieurwesen ein Veranstaltungstag gewidmet.

Von 1996-2000 fand die Sommerhochschule auch am Seefahrtsstandort der Fachhochschule und in den naturwissenschaftlichen Fachbereichen Chemie, Biologie, Mathematik, Physik und Informatik der Carl von Ossietzky Universität Oldenburg statt. Kurz vor den niedersächsischen Sommerferien konnten jeweils 72 Sommerstudentinnen innerhalb eines Probestudiums abwechselnd an der Universität und an der Fachhochschule die naturwissenschaftlichen und technischen Fachbereiche erkunden. Damit wurde den Teilnehmerinnen über die Fachorientierung hinaus die Möglichkeit geboten, beide Bildungsinstitutionen kennenzulernen. Den Sommerstudentinnen standen zwei Studienprogramme zur Auswahl. Der Veranstaltungsbeginn wurde um eine halbe Stunde vorverlegt und so die Kernzeit verlängert.

Der verbindliche Teil aller Sommerhochschulveranstaltungen bestand aus kurzen Programmelementen. Vorlesungen dauerten 30, höchstens 45 Minuten, praktische Übungen 30 Minuten und Studiengangseinführungen 15 Minuten. Zum Abschluss des jeweiligen Fachbereichsprogramms wurden ausführliche Gesprächsmöglichkeit mit Studentinnen und Ingenieurinnen der entsprechenden Fachrichtung geboten. Im Programm enthalten war eine morgendliche Verfügungszeit für Nachfragen, Gespräche und den Austausch von Eindrücken. Wie diese Einheiten gefüllt werden sollten, wurde von Tag zu Tag entschieden. Eine enge, aktive Betreuung war durch Studentinnen aller Fachbereiche gewährleistet, die als studentische Hilfskräfte beschäftigt und auf ihre Aufgabe vorbereitet wurden.

Die Teilnehmerinnen der hier vor allem beforschten Veranstaltungen 1997 und 1998 sind vor allem durch Zeitungsmeldungen aber auch durch Aushänge in der Schule und durch Mitschülerinnen auf die Veranstaltung aufmerksam gemacht worden.

3.2.2 Fachhochschule/Universität Osnabrück

Die Sommerhochschule „Studentin auf Probe" wurde 1996 mit 28 und 1997 mit 21 Teilnehmerinnen an der FH Osnabrück veranstaltet. Beteiligt waren die Studiengänge (Europäische) Elektrotechnik, Informationstechnik, Maschinenbau, Produktionstechnik, Verfahrenstechnik und Werkstofftechnik. Angestoßen durch die positive Kooperationserfahrung der Oldenburger Hochschulen wurde 1998 die Veranstaltung erstmals mit der Universität zusammen durchgeführt. Hinzu kamen dadurch die Bereiche Mathematik, Angewandte Systemwissenschaften, Physik, Biologie und Cognitive Science. Hier lag die Teilnehmerinnenanzahl bei 48, 1999 bei 35.

Neben Übersichtsinformationen über die Studiengänge und über den Unterschied zwischen einem Universitäts- und einem Fachhochschulstudium wurde an diesem Sommerhochschulstandort eine besonderer Schwerpunkt darauf gelegt, die Studiengänge handlungsorientiert zu präsentieren. So spielten Besichtigungen und vor allem Praktika eine große Rolle.

Anders als in Oldenburg handelte es sich um ein festes Ganztagsprogramm in der Zeit von 8.30 bis 16.00 Uhr. Vorlesungen und Präsentationen dauerten 45 Minuten, praktische Übungen 45 bis 90 in manchen Fällen sogar 150 Minuten und Studiengangseinführungen 45 Minuten. Wahlfreiheit gab es teilweise zwischen verschiedenen praktischen Übungen. Wurden in den ersten beiden Jahren an den Nachmittagen noch vorrangig Exkursionen und Firmenbesichtigungen veranstaltet, so wurde im gemeinsamen Programm von Fachhochschule und Universität das Angebot an praktischen Übungen ausgeweitet.

Im Rahmen der Mittagspause wurden Mittagstischgespräche mit Studentinnen sowie mit Studienberatern und -beraterinnen angeboten.

Ein Großteil der Teilnehmerinnen der hier vor allem beforschten Sommerhochschule 1998 wurden über Schulbesuche eingeworben. Dabei handeltet es sich um beruforientierende Unterrichtsmodulsequenzen für die Oberstufe, die von der Projektverantwortlichen der Sommerhochschule vor Ort in den Schulen unterrichtet wurden (Buddrick, 2000).

3.2.3 Fachhochschule Ostfriesland

An der ersten Sommerhochschule 1997 nahmen 102 junge Frauen teil. Eine Aufnahmebegrenzung gab es nicht; das Programm wurde kurzfristig der hohe Nachfrage angepasst. Aufgrund der Randlage und der schwierigen Verkehrssituation wurde das Programm zunächst auf nur drei Tage reduziert. Zur Unterbringung wurde ein Zeltlager in unmittelbarer Nähe des Campus angeboten. Am ersten Tag fanden Einführungsvorträge und Führungen statt. An den beiden letzten Tagen standen den Teilnehmerinnen in der Zeit von 8.30 bis 12.30 Uhr fünf Studienblöcke zur Auswahl. Je zwei Fächer aus Reedereilogistik, Wirtschaftsingenieurwesen, Biotechnologie, Umwelttechnik, Prozessautomatisierung, Lasertechnik, Konstruktionstechnik, Verfahrenstechnik, Produktionstechnik, Informatik, Elektrotechnik konnten belegt werden. Die Studiengänge wurden in Vorlesungen, Themenbearbeitung in seminaristischer Form und Laborbesuchen sowie Übungen erkundet. Nachmittags wurden am zweiten Tag Gespräche mit Fachfrauen und Studentinnen sowie Surfen im Internet angeboten.

1998 wurde die Sommerhochschule auf vier Tage ausgeweitet und fand mit 96 Teilnehmerinnen statt. Wiederum wurden zwei Vormittage den Studienbereichen gewidmet und es gab eine Einführungs- und einen Abschlusstag. Das freiwillige Nachmittagsprogramm zwischen 13.30 und 17.30 Uhr, für das sich die Teilnehmerinnen täglich in der Mittagspause entscheiden konnten, fand diesmal in den Fachbereichen statt. Parallel dazu lief ein attraktives Freizeitprogramm mit Kanufahren und Surfen im Internet.

Die Teilnehmerinnen der beiden Sommerhochschulveranstaltungen wurden vor allem durch Lehrerinnen und Lehrer, im zweiten Jahr auch durch Mitschülerinnen auf die Veranstaltung aufmerksam gemacht. Diese Sommerhochschulveranstaltung hatte im Vergleich zu den anderen eher den Charakter einer erlebnisorientierten Großveranstaltung, wie auch die darauf folgenden. In den nachfolgenden Jahren wurde keine Begleitbefragung durchgeführt.

3.2.4 Unterschiede in den Sommerhochschulveranstaltungen

Die Veranstaltungen an den verschiedenen Standorten unterscheiden sich hinsichtlich der Anzahl der Teilnehmerinnen, der Betreuungsintensität, der Wahlfreiheit, der Anzahl der erkundeten Studienfächer und der Praxisanteile. Abbildung 2 zeigt die Kategorisierung im Vergleich. Diese Unterschiede haben eine Auswirkung darauf, wie hoch die Intensität der Erkundung bzw. der Erprobung ist, die sie der einzelnen Teilnehmerin ermöglicht. Die Intensität der Erprobung in einem Sommerhochschulprogramm ist um so größer, je kleiner die Anzahl der Teilnehmerinnen, je höher die Betreuungsintensität und je größer die Praxisanteile. Die Wahlfreiheit spielen dabei eine geringere Rolle. Die Anzahl der erkundeten Studienfächer hat Einfluss auf die Intensität, die einem einzelnen Studienfach gewidmet werden kann - je weniger Fächer, desto intensiver. Wenn es jedoch um die Intensivierung der Entscheidungsgrundlage für ein naturwissenschaftlich-technisches Studienfach geht, ist eine größere Anzahl an Studiengängen im Programm wiederum intensiver. Wegen dieser Gegenläufigkeit wurde die Anzahl der zu erkundenden Studienfächer nicht in die Gesamteinschätzung der Intensität mit aufgenommen. Abbildung 2 gibt einen Überblick über die Unterschiede und den Intensitätsfaktor im Vergleich. Demnach ist das Programm in Osnabrück vergleichsweise von höchster Intensität, das in Ostfriesland von geringster.

Abb. 2: Unterschiede in verschiedenen Dimensionen des Programms, Einschätzung der Intensität

	Oldenburg	Osnabrück	Ostfriesland
Anzahl der Teilnehmerinnen	mittel FH allein: 36 FH/Uni: 72	gering FH allein: 25 FH/Uni: 42	groß FH allein: 99
Betreuungsintensität	mittel	hoch	gering
Wahlfreiheit	gering 1 Programm aus 2	keine festes Programm	hoch 2 Fächer aus 11
Anzahl der erkundeten Studienfächer	mittel	hoch	gering
Praxisanteile	mittel/gering	hoch	mittel/gering
Intensität der Erkundung/Erprobung	mittel	hoch	gering

3.3 Das Konzept der Sommerhochschule im Kontext der Theorie der Selbstwirksamkeitserwartung

Das dreiwöchige Betriebspraktikum im Braunschweiger Projekt „Technik zum Be-Greifen" wurde in Anlehnung an die vier Lernprozesse zur Steigerung der Selbstwirksamkeitserwartung entwickelt (Strohmeyer & Wender, 1996, vgl. 2.3.1.1). Anders die Sommerhochschule - sie wurde mit dem Ziel entwickelt, „das Interesse junger Frauen für ein Ingenieurstudium zu wecken und zu stärken, indem die Vielfältigkeit von Studium und Beruf im Ingenieurbereich aufgezeigt und Zugangshürden abgebaut werden" (Arbeitsgruppe Sommerhochschule, 1999; S. 11). Doch wie lässt sich nun im Rückblick die das Konzept der Sommerhochschule den vier Lerndimensionen zur Steigerung der Selbstwirksamkeitserwartung zuordnen? Abbildung 3 stellt diese Dimensionen dem Betriebspraktikum gegenüber.

Die direkte Erfahrung - das selbständige Erbringen einer Leistung, als wirksamste Dimension bei der Steigerung der Selbstwirksamkeitserwartung - ist in Bezug auf die Bewältigung einer technikbezogenen Aufgabe in der Sommerhochschule nicht so ausgeprägt, wie im Praktikum, wobei es hier verschiedene Abstufungen zwischen den Veranstaltungsorten gibt (vgl. 3.2.4). Da Betreuungsintensität und Praxisanteile wichtige Faktoren der Steigerung der Selbstwirksamkeitserwartung sind, ist davon auszugehen, dass das Programm in Osnabrück am effektivsten angelegt ist. Insgesamt wird in der Sommerhochschule jedoch stärker auf die „Aufgabe" einer Studienanfängerin Bezug genommen.

Abb. 3: Dimensionen der Steigerung der Selbstwirksamkeitserwartung: „Sommerhochschule" und „Betriebspraktikum" im Vergleich

	dreiwöchiges Praktikum	einwöchige Sommerhochschule
Selbstwirksamkeit	bezogen auf den Ingenieurberuf	bezogen auf ingenieur- und naturwissenschaftliche Studiengänge
direkte Erfahrung	Einbindung in aktuelle Technikprojekte, erstellen eigener Werkstücke (Verhaltensausführung mit sichtbarem Ergebnis)	Teilnahme an einem speziellen Programm („simuliertes Studium" in unterschiedlichen Feldern). Verhaltensausführung bezieht sich in Programmteilen auch auf das Erstellen eines Produktes
bezieht sich auf	Ingenieurin im beruflichen Alltag in der Begegnung mit technischen Aufgaben	Studienanfängerin des/der .... (Bauingenieurwesens, Elektrotechnik, etc.
indirekte oder stellvertretende Erfahrung	Mentorinnen: Ingenieurinnen	Studentische Tutorinnen, Frauen aus dem naturwissenschaftlich-technischen Berufen
symbolische Erfahrung (verbale Überzeugung durch andere Personen)	insbesondere durch die Mentorin	insbesondere durch Tutorinnen und Fachfrauen aus der Praxis
	Grundhaltung der Programmbeteiligten: Ermutigung zur Studienwahl	Grundhaltung der Programmbeteiligten: Ermutigung zur Studienwahl
emotionale Erregung	durch angemessene Aufgabenschwierigkeit und Einbindung in die Institution Schaffung einer angstfreien Lernatmosphäre	abwechslungsreiches, attraktives Programm in verbindlicher, positiver Atmosphäre mit vielen Gesten der Wertschätzung (z.B. Begrüßung, Betreuung)

Die rückwirkende Einordnung der Sommerhochschule in die vier Lerndimensionen zur Steigerung der Selbstwirksamkeitserwartung weist nochmals auf eine Abgrenzungslinie zu den Mädchen-Technik-Tagen hin, die aufgrund der geringeren Betreuungsintensität und der geringeren Programmverbindlichkeit auf einem Kontinuum nach Praktikum und Sommerhochschule zu platzieren wäre (siehe 3.1).

Wen die Intervention „Sommerhochschule" anspricht, welche Wirkung sie auf die berufliche Orientierung und das Studienwahlverhalten hat und ob sie die Selbstwirksamkeitserwartung bezüglich der von den Teilnehmerinnen erkundeten Studienfächer steigert, wird in dem nun folgenden ersten Teil dieser Studie untersucht.

Teil I
Kognitive Veränderungen in der beruflichen Orientierung von Schülerinnen im Kontext von Sommerhochschulen in Naturwissenschaft und Technik

Zunächst wird die Anlage der Untersuchung dargelegt (I 1.). Danach wird die kognitive Ausgangslage untersucht (I 2.) Die Sommerhochschule richtet sich vor allem an Oberstufenschülerinnen. Eine zentrale Frage ist, wie die kognitive Ausgangslage derjenigen aussieht, die das Orientierungsangebot „Sommerhochschule" nutzen und zwar hinsichtlich der Intention für die Teilnahme, der Tätigkeit zum Zeitpunkt der Teilnahme, des Leistungskursprofils, der Berufswünsche und der Vorbilder sowie des Ausmaßes an Kenntnissen über die in der Sommerhochschule vorgestellten Studiengänge, des Interesses und des Zutrauens zu diesen sowie der potentiellen Studienwahl. Außerdem wird der Frage nachgegangen, wie sich der innere Zusammenhang zwischen den einzelnen Faktoren der kognitiven Ausgangslage darstellt.

Anschließend werden die kognitiven Veränderungen bei den Teilnehmerinnen untersucht und die Ergebnisse präsentiert (I 3.). Die Leitfrage ist, welche kognitiven Veränderungen in Hinblick auf studiengangsbezogene und hochschultypbezogene Kenntnisse, Selbstwirksamkeitserwartung, Interesse sowie Studienwahlintention sich nach der Intervention feststellen lassen und wie sich der innere Zusammenhang dieser Ausprägungen darstellt. Dabei geht es auch um die Frage der Effektivität der Intervention Sommerhochschule hinsichtlich des Entscheidungsprozesses für ein Studienfach und des realen Verbleibs der ehemaligen Teilnehmerinnen.

Teil I dieses Forschungsberichts schließt mit einer Diskussion der Ergebnisse. Aus den Ergebnissen werden Empfehlungen für die Konzipierung von Sommerhochschulveranstaltungen abgeleitet (I 4.).

1. Anlage und Durchführung der Untersuchung

Während der Laufzeit des Modellvorhabens „Motivation von Frauen und Mädchen für ein Ingenieurstudium" (1993-1999) und der daran anknüpfenden Projekte (vgl. Kosuch & Buddrick, 2000) gab es keine Ressourcen für eine begleitende Evaluation. Allerdings wurde im Projektverlauf versucht, Begleitforschung soweit wie möglich zu leisten, und zwar zunächst unter dem Blickwinkel der Qualitätssicherung und der kontinuierlichen Verbesserung der Projektinterventionen für die jeweilige Zielgruppen. Abbildung 4 gibt einen Überblick über die evaluierten Sommerhochschulen und ihre VeranstalterInnen.

Durch den wiederholten Einsatz der 1995 von der Autorin für die erste Sommerhochschule entwickelten Fragebögen (Kosuch, 1995d) und durch die Erweiterung der schriftlichen Befragung auf der Basis der Theorie der Selbstwirksamkeit durch die Kooperation mit dem Braunschweiger Modellprojekt (siehe 1.1.1) konnten für die geplante Untersuchung wichtige und miteinander vergleichbare Daten erhoben werden. Die projektinterne Verbreitung der Sommerhochschule auf der Grundlage des gleichen Konzepts und der Einsatz der überwiegend gleichen Forschungsinstrumente ergab eine einmalige Datenlage: Für diese Studie konnte auf die schriftlichen Daten zu zwölf Sommerhochschulveranstaltungen zurückgegriffen werden, die zwischen 1995 und 2000 an den drei Hochschulorten Oldenburg, Osnabrück und Emden (Ostfriesland) im Rahmen der begleitenden Auswertung jeder einzelnen Veranstaltung erhoben wurden. Zu zehn von zwölf Veranstaltungen lagen bereits Evaluationsberichte vor (Buddrick, 1998; 1999; Kosuch, 1995d; 1996b; 1997c; Tendler & Wetzel, 1998; Bühring, 1997; 1998; 1999; 2000). Außerdem wurden zwei

Verbleibsstudien durchgeführt (Tendler, 1999; Buddrick & Bühring, 2000; vgl. auch Kosuch & Buddrick, 2000; Kosuch, 2000a).

Abb. 4: Überblick über die evaluierten Sommerhochschul-Veranstaltungen

Sommerhochschule	Projektrahmen	VeranstalterInnen
FH Ostfriesland 1997	Modellvorhaben*	Frauenbüro
FH Ostfriesland 1998	Modellvorhaben*	Frauenbüro
FH Osnabrück 1996	Modellvorhaben*	Frauenbüro
FH Osnabrück 1997	Modellvorhaben*	Frauenbüro
FH/Uni Osnabrück 1998	Modellvorhaben *(FH), HSP-III Tutorien und Studienberatung (Uni)	Frauenbüro der FH, Zentrale Frauenbeauftragte der Uni, Zentrale Studienberatung beider Hochschulen
FH/Uni Osnabrück 1999	Modellvorhaben* (FH) HSP-III Tutorien und Studienberatung (Uni)	Frauenbüro der FH, Zentrale Frauenbeauftragte der Uni, Zentrale Studienberatung beider Hochschulen
FH Oldenburg 1995	Modellvorhaben*	Gleichstellungsstelle
FH/Uni Oldenburg 1996	Modellvorhaben*	Gleichstellungsstellen, Zentrale Studienberatung der Hochschulen, Zentrum für Wissenschaftliche Weiterbildung der Uni, Berufsberatung für HochschülerInnen des Arbeitsamtes
FH/Uni Oldenburg 1997	Gemeinsames Sommerstudienprogramm**	Gleichstellungsstellen, Zentrale Studienberatung der Hochschulen, Zentrum für Wissenschaftliche Weiterbildung der Uni, Berufsberatung für HochschülerInnen des Arbeitsamtes
FH/Uni Oldenburg 1998	Gemeinsames Sommerstudienprogramm**	Gleichstellungsstellen, Zentrale Studienberatung der Hochschulen, Zentrum für Wissenschaftliche Weiterbildung der Uni, Berufsberatung für HochschülerInnen des Arbeitsamtes
FH/Uni Oldenburg 1999	Modellvorhaben*	Gleichstellungsstelle der FH, Zentrale Studienberatung der Uni, Berufsberatung für HochschülerInnen des Arbeitsamtes
FH/Uni Oldenburg 2000	implementiert	Gleichstellungsstelle der FH, Zentrale Studienberatung der Uni, Berufsberatung für HochschülerInnen des Arbeitsamtes

* Modellvorhaben „Motivation von Frauen und Mädchen für ein Ingenieurstudium" der vier Fachhochschulen der Weser-Ems-Region (1993-1999)
** Gemeinsames Sommerstudienprogramm der Fachhochschule Oldenburg und der Carl von Ossietzky Universität Oldenburg (1997-1998)

1.1. Schriftliche Befragungen zur Auswertung der Sommerhochschule

Ziel der Fragebogenerhebung zu den Sommerhochschulen war vor allem die Beantwortung von Fragen zur **internen Evaluation** (Einschätzung und Bewertung von Konzeption und Durchführung der Sommerhochschule mit dem Ziel der Verbesserung des Angebots), sowie zur **allgemeinen Auswirkung auf die berufliche Orientierung** (Einfluss auf die (potentielle) Studienwahl der Teilnehmerinnen mit dem Ziel der Bewertung der Intervention als mehr oder weniger angemessenes Instrument der Berufsorientierung).

Mit den Fragebögen erhoben wurden außerdem

Informationen zum Profil der Teilnehmerinnen
- Momentane Tätigkeit (Schulform, Klassenstufe, ggf. Praktikum, etc.)
- die kognitive Ausgangslage der Teilnehmerinnen z.b. hinsichtlich Alter, Teilnahmeintention, Leistungskursprofil, Studienorientierung, Berufswünsche, beruflicher Vorbilder

Informationen zum Programm
- wie die Einzelnen von der Veranstaltung erfahren haben
- wie das Programm und seine Programmelemente bewertet werden
- Verbesserungsvorschläge für das Programm.

Informationen zur Wirksamkeit hinsichtlich der Studienwahl
- welchen Einfluss die Sommerhochschule auf die Berufswunschprofile, Studienorientierung und Studienfachwahl hat.

Durch den dritten Aspekt - der Untersuchung der Wirksamkeit - wurde methodisch eine Prä-Post-Befragung notwendig. Diese wurde bei allen Veranstaltungen eingesetzt. Zur Bewertung der Veranstaltung wurde ansonsten eine unterschiedliche Befragungsdichte gewählt. Insbesondere in den Anfängen der Sommerhochschule wurde im Anschluss an jeden Veranstaltungstag ein Bewertungsfragebogen an die Teilnehmerinnen ausgegeben. Jeder Veranstaltungstag wurde einzeln evaluiert, um das Programm von Jahr zu Jahr zu optimieren.

1.1.1. Messung der Effektivität auf dem Hintergrund der Theorie der Selbstwirksamkeit

In Anlehnung an die empirischen Untersuchungsmethoden des Braunschweiger Modellprojektes „Technik zum Be-Greifen" wurden bei sechs Sommerhochschulveranstaltungen Daten erhoben zur Messung der Effektivität der Veranstaltung auf dem Hintergrund der Theorie der Selbstwirksamkeitserwartung (Bandura, 1977, 1995, 1998). Wender und ihre Mitarbeiterinnen hatten im Rückgriff auf ein Messinstrument zur Untersuchung von Geschlechtsunterschieden in der berufsbezogenen Selbstwirksamkeitserwartung (Betz & Hackett 1981) ein Set an Messvariablen entwickelt, mit dem

- die berufsbezogene Selbstwirksamkeitserwartung
- die beruflichen Interessen sowie
- die Berufswahlmöglichkeiten

erfragt wurde (Strohmeyer & Wender 1996).

Dort wurde die Effektivität verschiedener Interventionsprogramme in Prae-Post-Befragungen nach drei Ausprägungen differenziert mittels einer Ratingskala gemessen: **Interesse** am Studienfach, **Zutrauen**, das Studienfach zu studieren (Selbstwirksamkeitserwartung) und Erwägung, das Studienfach zu **wählen**.

Dieses Instrumentarium wurde - zunächst für die Sommerhochschulen 1997 in Oldenburg und Emden/Ostfriesland - adaptiert und erweitert (Kosuch, 1997c). Dabei wurden die in Braunschweig eingesetzten Fragen von der Autorin dem Veranstaltungskontext der Sommerhochschule angepasst. Fokussiert wurde die Studien- statt der Berufswahl und die Befragung wurde um die Variable „**Kenntnis**" erweitert. Dahinter stand die Annahme, dass die Intervention „Sommerhochschule" einen deutlich höheren Informationsanteil enthält, als die praxisorientierten Langzeitinterventionen in Braunschweig (vgl. 3.3, Abbildung 3).

Abbildung 5 zeigt die Adaptation des Forschungsinstrumentariums im Überblick.

Abb. 5: Forschungsinstrumentarium und Adaptation

Operationalisierung von	Strohmeyer & Wender, 1996	Kosuch, 1997c
Kenntnis/Informationsgrad	-	„Wie gut kennen Sie die folgenden Studienfächer?" (gar nicht – sehr gut)
Interesse	„Wie sehr interessierst Du Dich für die einzelnen Berufe?"	„Wie sehr interessieren Sie sich für die einzelnen Studienfächer?"(gar nicht – ganz stark)
Selbstwirksamkeitserwartung	„Würdest Du Dir die Ausübung der folgenden Berufe zutrauen?"	„Würden Sie sich das Studium der folgenden Studienfächer zutrauen?" ?"(gar nicht – ganz stark)
Berufswahl	„Hast Du einen oder mehrere dieser Berufs bereits für Dich in die engere Wahl gezogen?"	„Haben Sie eines oder mehrere dieser Studienfächer bereits für sich in die engere Auswahl gezogen?" (gar nicht – ganz stark)

Dieses Instrumentarium wurde in der Prä-Post-Befragung bei den Sommerhochschulen 1997 und 1998 in Oldenburg, 1997 und 1998 an der FH Ostfriesland sowie 1998 und 1999 in Osnabrück eingesetzt (vgl. 3.1.1, Tabelle 22).

Die Selbstwirksamkeitserwartung wurde demnach auf der zweiten Spezifitätsebene operationalisiert (Bandura, 1998, siehe 2.3.1), nämlich bereichsspezifisch (unterschiedliche „Studienfächer") mit hohem Allgemeinheitsgrad der Handlungsausführung („das Studium"). Erhoben wurde das subjektive Ausmaß der Selbstwirksamkeit („Würden Sie sich ‚gar nicht' bis ‚ganz stark' zutrauen") durch die Einschätzung des Grades der Gewissheit.

Für die Begleitforschung der Sommerhochschule in Oldenburg 1999 wurde das Instrumentarium nochmals adaptiert und auf die Erhebung der hochschultypbezogenen Selbstwirksamkeitserwartung zugeschnitten (3.2).

1.1.2 Schriftliche Befragungen zum Verbleib der ehemaligen Teilnehmerinnen

Zu den Sommerhochschulen 1995, 1996 und 1997 der Fachhochschule und der Universität Oldenburg wurde im August/September 1998 eine Verbleibsuntersuchung durchgeführt. 186 Ehemalige wurden angeschrieben. 70 haben sich an der schriftlichen Befragung beteiligt. Das ist ein Rücklauf von 38% (Tendler, 1999).

Im August/September 1999 wurden 98 ehemalige Teilnehmerinnen der „Studentin auf Probe" in Osnabrück von 1996, 1997 und 1998 angeschrieben und gebeten, einen Fragebogen auszufüllen und an der Frauenbüro zurückzusenden. Die Rücklaufquote betrug 57% (N=56) (Buddrick & Bühring, 2000).

1.1.3 Anmerkungen zur Datenlage

Die hier beforschten Sommerhochschulveranstaltungen wurden im Rahmen von Praxisprojekten entwickelt und durchgeführt. In diesem Kontext wurden auch die Daten erhoben. Tabelle 7 gibt einen Überblick über die hier verwendeten Daten.

Tab. 7: Gesamtüberblick über die hier verwendeten Daten

Sommerhochschule	vergebene Plätze	Eingangsfragebögen	Prä-Post-Daten	Daten zur Selbstwirksamkeit	Verbleibsuntersuchung
FH Ostfriesland 1997	102	77	60	56	
FH Ostfriesland 1998	96	74	42	42	
FH Osnabrück 1996	28	28	16	--	15
FH Osnabrück 1997	21	21	19	-	17
FH/Uni Osnabrück 1998	48	48	47	38	23
FH/Uni Osnabrück 1999	35	35	30	30	
FH Oldenburg 1995	36	35	21	--	15*
FH/Uni Oldenburg 1996	72	69	36	--	30
FH/Uni Oldenburg 1997	72	61	32	31	26*
FH/Uni Oldenburg 1998	72	67	59	57	
FH/Uni Oldenburg 1999	70	65	52	52**	
FH/Uni Oldenburg 2000	53	53	44	--	
Summe	705	633	458	254	126***

* eine Sommerstudentin hat 1995 und 1997 teilgenommen
** Daten zur hochschultypbezogenen Selbstwirksamkeitserwartung
*** inkl. einer Teilnehmerinnen in Osnabrück ohne Jahrgangszuordnung

Anders als bei einem explizit für ein Forschungsvorhaben ausgerichteten Interventionssetting, ist die Datenerhebung und -auswertung eher am Rande der Veranstaltung durchgeführt worden. So wurde die Prä-Post-Befragung zur Selbstwirksamkeit nur bei den Sommerhochschulen 1997 und 1998 in Oldenburg, 1997 und 1998 an der FH Ostfriesland sowie 1998 und 1999 in Osnabrück eingesetzt (vgl. auch 1.1.1). Durch komplexen Abstimmungs- und Kommunikationsprozesse zwischen den verschiedenen Hochschulen kam es zu Übermittlungsfehlern beim Begleitforschungsinstrumentarium von sechs Sommerhochschulveranstaltungen, bei denen die Effektivität auf dem Hintergrund der Theorie der Selbstwirksamkeitserwartung gemessen wurde. Dadurch kamen Ratingskalen mit unterschiedlicher Skalierung zum Einsatz. Dabei wurden in Oldenburg 1997[5] und Osnabrück 1998[5] fünfstufige Skalen verwendet, während in Oldenburg 1998[6], Osnabrück 1997[6], Ostfriesland 1997[6] sowie 1998[6] sechsstufige Skalen zum Einsatz kamen (im Folgenden immer mit der hochgestellten Zahl markiert). Außerdem gab es zum Teil standortbezogene Fragebogenüberarbeitungen, die dazu führten, dass nicht bei allen Veranstaltungen die gleichen Daten erhoben wurden.

2. Kognitive Ausgangslage vor der Intervention: Wer besucht die Sommerhochschulen?

Ziel dieses Forschungsschrittes ist es, Aussagen über für die Berufsorientierung wichtige kognitive Faktoren zu treffen und darüber, welche Personen vor allem aus der Zielgruppe der Oberstufenschülerinnen sich durch das Sommerhochschulprogramm angesprochen fühlen und daran teilnehmen.

Die Teilnehmerinnen an den Sommerhochschulen stellen keine homogene Gruppe dar. Durch das Aufnahmekriterium in der Reihenfolge der eingehenden Anmeldungen haben junge Frauen mit unterschiedlichen Vorerfahrungen die Sommerhochschulen absolviert. Im Folgenden geht es darum, die kognitive Ausgangslage der Teilnehmerinnen differenziert herauszuarbeiten.

Die Datenlage lässt Aussagen über die folgenden Kennzeichen zu:

- Erwartungen an die Veranstaltung (I 2.1)
- derzeitige Tätigkeit (I 2.2)
- Leistungskursprofil (I 2.2)
- Berufswünsche und Studienorientierung (I 2.2)
- Vorbilder (I 2.2)
- Ausmaß der Kenntnisse über die einzelnen Studiengänge (I 2.3)
- Ausmaß des Interesses an den einzelnen Studiengängen (I 2.3)
- Ausmaß der studienfachbezogenen Selbstwirksamkeit (I 2.3)
- Stärke der Wahlintention bezogen auf die Studiengänge im Sommerhochschulprogramm (I 2.3)

Das Kapitel schließt mit einer kurzen Zusammenfassung der Ergebnisse (I 2.4).

2.1 Erwartungen der Teilnehmerinnen an die Sommerhochschule

In der Öffentlichkeitsarbeit zu den einzelnen Sommerhochschulen wurde deutlich gemacht, was das Programm an Information, Erkundungs- und Beratungsmöglichkeiten zu bieten hat. Doch mit welchen Erwartungen kommen die Teilnehmerinnen in die Veranstaltungen? Das ist die Leitfrage für den folgenden Forschungsschritt.

2.1.1 Hypothesen und Fragen

Erwartungen können einen deutlichen Einfluss auf die Wirksamkeit einer Intervention haben. Wie sehen diese aus? Was steht im Vordergrund? Die Erwartungen wurden bei allen zwölf dieser Studien zugrundeliegenden Sommerhochschulveranstaltungen mit einer offenen Frage erhoben, doch nur in vier Fällen ausgewertet, wie die Evaluationsberichte zeigen (Buddrick, 1998; Tendler & Wetzel, 1998; Bühring, 1999). Die Auswertungskategorien sind dabei zu umfangreich und nicht einheitlich. Die Ergebnisse ähneln sich dahingehend, dass neben dem Interesse an naturwissenschaftlich-technischen Studiengängen die Suche nach „allgemeiner Orientierung und Information" (Buddrick, 1998) bzw. „allgemeine Orientierungs- und Entscheidungsfragen" (Tendler & Wetzel 1998) im Vordergrund stehen. Eine erneute und alle Sommerhochschulveranstaltungen umfassende Auswertung soll diese Frage differenzierter beantworten helfen.

Zu vermuten ist, dass „allgemeine Orientierungs- und Entscheidungsfragen" auf zwei unterschiedliche Ebenen der Unterstützung hinweisen, den Wunsch nach Orientierung im Hochschulbetrieb und der Suche nach Entscheidungshilfe.

Zu Fragen ist außerdem, ob die besondere Konstruktion der Sommerhochschule in sieben von zwölf Fällen als Kooperationsveranstaltung zwischen verschiedenen Hochschultypen zu anders gelagerten Erwartungen führt und ob sich standortbezogene Unterschiede in der Anlage der Sommerhochschule in den Erwartungen spiegeln (vgl. I 3.2.4).

2.1.2 Methode

Um das Problem der zu umfangreichen Kategorienbildung bei der Auswertung zu lösen, wurde als Bezugspunkt die Frage nach den Erwartungen der Sommerhochschulteilnehmerinnen der ersten bundesweiten Sommeruniversität in Duisburg zugrunde gelegt (Tobias, 1996). Dort wurden die Teilnahmegründe vor der Veranstaltung erhoben, in dem vorgegebene Items daraufhin zu bewerten waren, ob sie zutreffen oder nicht. „Information über naturwissenschaftlich-technische Studiengänge (zu) erhalten", steht an erster Stelle der Erwartungen (73,6%), gefolgt von „Kennenlernen des Universitätsbetriebs" (36,8%). 24,1% wünschen sich dezidiert „Entscheidungshilfe bei der Studien- und Berufswahl". „Reine unspezifische Neugier" wird von 13,8% der Teilnehmerinnen angegeben (ebd., S. 35). Weitere Items, die von weniger als 10% der Teilnehmerinnen markiert wurden, werden hier nicht aufgeführt.

Die vorgegebenen Items der Duisburger Sommeruniversität wurden bei der Kategorienbildung zugrundegelegt. Die Antworten von 577 Teilnehmerinnen auf die Frage im Eingangsfragebogen „Aus welchen Gründen haben Sie sich für die Teilnahme an der Sommerhochschule entschieden?" wurden den Kategorien zugeordnet. Die Kategorien, der die meisten schriftlichen Äußerungen zuzuordnen waren, lauten wie folgt:

„Informationen über Inhalte naturwissenschaftlich-technischer Studiengänge erhalten": „Informationen" oder „Einblicke" in naturwissenschaftlich-technische Studiengänge, auch Äußerungen, die sich explizit auf bestimmte Studienfächer beziehen.

„Hochschulbetrieb insgesamt kennen lernen": Informationen zum Ablauf des Studiums, Einblicke in den Studienalltag, Unterschiede zwischen einem Studium an einer FH und an einer Uni kennen lernen.

„Entscheidungshilfe bei der Studien- und Berufswahl bekommen": Entscheidungshilfe, auch bezogen auf konkrete Studiengänge, die Hochschulart oder das Studium überhaupt. Auch implizite Formulierungen wie „weil ich überhaupt noch nicht weiß, was ich machen will nach der Schule", wenn dieses im Zentrum der Äußerung steht.

„Reine, unspezifische Neugier": Neugier, „aus Interesse", wenn diese Äußerung allein stand und nicht spezifiziert wurde.

Auf der Basis der Äußerungen, die sich diesen Kategorien nicht zuordnen ließen, wurden nach der Methode der sukzessiven Kategoriebildung (Strauss, 1991) weitere Kategorien gebildet. Sie wurden nur dann in die Ergebnispräsentation aufgenommen, wenn die Häufigkeit ihres Auftretens über der geringsten Häufigkeit einer der drei Hauptkategorien lag. Durch dieses Kriterium fiel nur eine weitere Kategorie ins Gewicht: **„Abwechslung vom Schulalltag, Spaß".**

2.1.3 Ergebnisse

Die am häufigsten genannte Erwartung an die Sommerhochschulveranstaltung ist das „Erkunden naturwissenschaftlich-technischer Studiengänge", gefolgt von „den Hochschulbetrieb insgesamt kennen lernen" (Tabelle 8). An dritter Stelle folgt die „Entscheidungshilfe". Die Gründe „unspezifische Neugier" und „Abwechslung vom Schulalltag, Spaß" spielen nur bei der Sommerhochschule in Ostfriesland eine Rolle. In Abbildung 6 wird das Gesamtergebnis über die drei wichtigsten Teilnahmemotive visualisiert.

Tab. 8: Erwartungen an die Sommerhochschule, hochschul-, studienfächer- und entscheidungsbezogene Äußerungen (Mehrfachnennungen)

Sommerhochschule	N	naturwissenschaftlich-technische Studienfächer	Hochschulbetrieb	Entscheidungshilfe
FH Ostfriesland 1997*	53	29	9	11
FH Ostfriesland 1998**	73	30	12	7
FH Osnabrück 1996	21	7	12	5
FH Osnabrück 1997	21	10	12	4
FH/Uni Osnabrück 1998	46	16	21	18
FH/Uni Osnabrück 1999	30	18	16	6
FH Oldenburg 1995	34	15	19	11
FH/Uni Oldenburg 1996	66	30	27	19
FH/Uni Oldenburg 1997	61	32	40	25
FH/Uni Oldenburg 1998	64	37	29	23
FH/Uni Oldenburg 1999	56	25	24	17
FH/Uni Oldenburg 2000	52	21	25	19
Summe	**577**	**270**	**246**	**165**
Prozent		**46,8**	**42,6**	**28,6**

* unspezifische Neugier: 16
**unspezifische Neugier: 18, Abwechslung vom Schulalltag, Spaß: 17

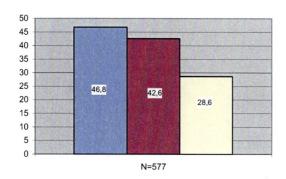

Abb. 6: Die am häufigsten genannten Teilnahmemotive

Über alle Sommerhochschulveranstaltungen hinweg wird die Erkundung des Hochschulbetriebs mit 42,6% beinahe ebenso häufig als Teilnahmegrund genannt wie der Wunsch, Information über naturwissenschaftlich-technische Studiengänge zu erhalten. Bei der

Duisburger Sommeruniversität wurde letzteres dagegen doppelt so häufig angegeben. Ob sich an den verschiedenen Sommerhochschulstandorten Unterschiede in den Tendenzen zeigen, lässt sich anhand von Tabelle 9 beantworten, in der die Daten differenziert nach Hochschulstandort aufgeführt werden. Abbildung 7 veranschaulicht das Ergebnis.

Tab. 9: Erwartungen an die Sommerhochschule nach Sommerhochschulort (Mehrfachnennungen)

	Sommerhochschule	N	naturwissenschaftlich-technische Studienfächer	Hochschulbetrieb	Entscheidungshilfe
Ostfriesland	FH Ostfriesland 1997*	53	29	9	11
	FH Ostfriesland 1998**	73	30	12	7
	Summe*	126	59	21	18
	Prozent**		46,8	16,7	14,3
Osnabrück	FH Osnabrück 1996	21	7	12	5
	FH Osnabrück 1997	21	10	12	4
	FH/Uni Osnabrück 1998	46	16	21	18
	FH/Uni Osnabrück 1999	30	18	16	6
	Summe	118	51	61	33
	Prozent		43,2	51,7	28,0
Oldenburg	FH Oldenburg 1995	34	15	19	11
	FH/Uni Oldenburg 1996	66	30	27	19
	FH/Uni Oldenburg 1997	61	32	40	25
	FH/Uni Oldenburg 1998	64	37	29	23
	FH/Uni Oldenburg 1999	56	25	24	17
	FH/Uni Oldenburg 2000	52	21	25	19
	Summe	333	160	164	114
	Prozent		48,0	49,2	34,2

* unspezifische Neugier: 34,0%, Abwechslung vom Schulalltag, Spaß: 17,0%
**unspezifische Neugier: 27,0%, Abwechslung vom Schulalltag, Spaß: 13,5%

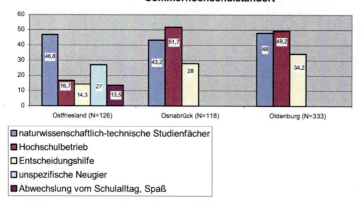

Abb. 7: Die am häufigsten genannten Teilnahmemotive nach Sommerhochschulstandort

Für Oldenburg und Osnabrück bestätig sich der Trend. Ostfriesland fällt aus diesem Muster heraus. Dort nimmt die „unspezifische „Neugier" mit Äußerungen von 27% der Teilnehmerinnen Rang zwei ein und die „Abwechslung vom Schulalltag" liegt mit 12,5 % beinahe gleichauf mit „Entscheidungshilfe". Beides lässt sich auf die geringfügig andere Anlage der Veranstaltung zurückführen (I 3.2.4).

Dass neben der Erkundung naturwissenschaftlich-technischer Studiengänge - dem Kern des Sommerhochschulprogramms - das Erkunden des Hochschulalltags eine so große Rolle spielt (Häufigkeiten fast gleichauf), wirft die Frage auf, ob dieses Motiv ganz besonders bei den gemeinsamen Sommerhochschulveranstaltungen von Fachhochschule und Universität eine Rolle spielt. Um diesen Aspekt zu überprüfen wurden die Sommerhochschulen aus Oldenburg und Osnabrück den Kategorien „Fachhochschulveranstaltung" und Fachhochschul- und Universitätsveranstaltung" zugeordnet. Die Sommerhochschulen aus Ostfriesland wurden hier nicht berücksichtigt, da sich hier das Profil der Motive stark von den anderen Standorten unterscheidet (vgl. Abbildung 7). Das Ergebnis ist in Tabelle 10 dargestellt und in Abbildung 8 veranschaulicht.

Tab. 10: Erwartungen an die Sommerhochschule nach Sommerhochschultyp (ohne Ostfriesland)

	N	naturwissenschaftlich-technische Studienfächer	Hochschulbetrieb	Entscheidungshilfe
FH Oldenburg 1995, FH Osnabrück 1996-1997				
Summe	76	32	43	20
Prozent		42,1	56,6	26,3
FH/Uni Oldenburg 1996-2000 FH/Uni Osnabrück 1998-1999				
Summe	375	179	182	127
Prozent		47,7	48,5	33,9
Gesamt				
Summe	451	211	225	147
Prozent		46,8	49,9	32,6

Abb. 8: Die am häufigsten genannten Teilnahmemotive nach Sommerhochschultyp

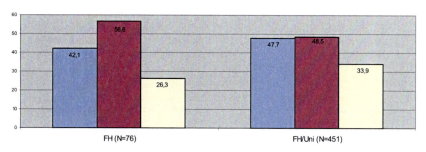

In beiden Sommerhochschultypen mit und ohne Universität wird die Erkundung des Hochschulbetriebs an erster Stelle genannt, bei den reinen Fachhochschulveranstaltungen sogar etwas häufiger. Der Programmtyp hat demnach keinen maßgeblichen Einfluss auf die Rangfolge zwischen den Häufigkeiten der drei Kategorien.

2.1.4 Diskussion

Die drei am häufigsten genannten Teilnahmemotive, die die Begleitforschung zur ersten bundesweiten Sommeruniversität erbracht hatte (Tobias, 1996), lassen sich durch diese Untersuchung replizieren, jedoch in einer anderen Gewichtung zueinander. Anders als bei der bundesweiten Sommeruniversität ist das Motiv, den Hochschulbetrieb zu erkunden, genauso wichtig wie das Erkunden der naturwissenschaftlich-technischen Studiengänge selbst.

Das Programm einer Sommerhochschule sollte daher - unabhängig davon, ob es sich um eine reine Fachhochschulveranstaltung oder um eine gemeinsame Fachhochschul- und Universitätsveranstaltung handelt - neben den zu erkundenden Studiengängen die Ebene der Hochschulerkundung ausreichend berücksichtigen. (Darstellung der Profile der Hochschule, unterschiede in den Studienanforderungen, Durchlässigkeit des Bildungssystems).

Insgesamt ist der Wunsch nach Orientierung im Hochschulbetrieb und nach Erkundung naturwissenschaftlich-technischer Studiengänge wichtiger als die explizite Suche nach Einscheidungshilfe.

Standortbezogene Unterschiede in der Anlage der Sommerhochschule spiegeln sich ebenfalls in den Ergebnissen (vgl. I 3.2.4). So unterscheiden sich die Erwartungen an die Sommerhochschule der FH Ostfriesland deutlich von denen an den anderen Hochschulorten. Der Charakter einer erlebnisorientierten Großveranstaltung mit einer vergleichsweise eher geringen Programmintensität (großer Teilnehmeranzahl, geringe Betreuungsintensität, wenig Praxisanteil) lässt die Erwartung unspezifischer und erlebnisorientierter ausfallen.

2.2 Leistungskursprofil, Berufswünsche, Studienorientierung und Vorbilder

Im Zusammenhang mit der Frage nach der kognitiven Ausgangslage der Sommerhochschulteilnehmerinnen geht es in diesem Forschungsabschnitt vor allem um Aspekte der Studien- und Berufsorientierung, wie sie sich in der Leistungskurswahl, der Ausrichtung der Berufswünsche und dem Studierwillen darstellen.

2.2.1 Hypothesen und Fragen

Die Hauptzielgruppe der Sommerhochschule sind Oberstufenschülerinnen. Dass diese auch in erster Linie erreicht werden, konnte bereits durch die Evaluation gezeigt werden (Kosuch & Buddrick, 2000). In der Sekundäranalyse wird nun spezifischer danach gefragt, wie sich das Bild an den verschiedenen Sommerhochschulstandort darstellt.

Betz und Hackett konnten in einer Studie zeigen, dass keinerlei Zusammenhang besteht zwischen den gemessenen Fähigkeiten und der Wahrnehmung der Fähigkeit, einen bestimmten Beruf erfolgreich auszuüben (1981, siehe. 2.3.2). Doch eine geringe Einschätzung der eigenen Selbstwirksamkeit in einem Bereich ist dann nicht realistisch, wenn dafür gute Fähigkeiten vorhanden sind. Daraus kann gefolgert werden, dass gerade diejenigen, *die bereits Fähigkeiten in den für einen Beruf notwenigen Grundlagen mitbringen*, von Interventionen profitieren würden, die die Selbstwirksamkeit dafür steigern. Die Frage, die anhand der erhobenen Daten zu den verschiedenen Sommerhochschulen beantwortet werden soll, lautet daher: Werden die „Fähigen" erreicht, die bereits Grundlagen mitbringen? Das würde bedeuten, dass vor allem Oberstufenschülerinnen mit mathematisch-naturwissenschaftlichen Leistungskursen die Sommerhochschule besuchen. Eine weitere Frage ist, wie ausgeprägt die Orientierung hin zu den vorgestellten Studiengängen ist. Dafür werden Daten über die Berufswunschlage, die Studienorientierung und Vorbilder herangezogen.

2.2.2 Methode

Der Anteil der Oberstufenschülerinnen an den Sommerhochschulteilnehmerinnen wurde bezogen auf die Anzahl derjenigen, die die Frage nach der jetzigen Tätigkeit beantwortet haben, errechnet. Die Ergebnisse wurden in eine Rangfolge gebracht. Differenziert nach Standort und ggf. auch nach Sommerhochschulart (Fachhochschule alleine oder mit Universität) werden Rangmittelwerte gebildet.

Die Quoten der mathematisch-naturwissenschaftlichen Leistungskurse als Operationalisierung von „Fähigkeiten in den für einen Beruf notwendigen Grundlagen" wurden zur Einordnung und Bewertung populationsbezogenen Daten gegenübergestellt.

Zur Beurteilung der naturwissenschaftlich-technischen Berufsorientierung wurden die Berufswünsche in drei Kategorien eingeteilt. Um die Relevanz der naturwissenschaftlich-technischen Fachgruppe zu operationalisieren, wurden die Angaben den drei Kategorien „nur naturwissenschaftlich-technische Berufswünsche", „naturwissenschaftlich-technische und nicht-naturwissenschaftlich-technische Berufswünsche" und „keine naturwissenschaftlich-technischen Berufswünsche" zugeordnet.

2.2.3 Ergebnisse

Anteil an Oberstufenschülerinnen nach Sommerhochschulstandort und –typ

Tabelle 11 gibt Auskunft über den Anteil an Oberstufenschülerinnen und bietet die Möglichkeit, diesen in Bezug zum Durchschnittsalter der Teilnehmerinnen zu betrachten.

Tab. 11: Anteil an Oberstufenschülerinnen nach Sommerhochschulstandort und –typ

Veranstaltung	n=	Alter*	Anteil Oberstufenschülerinnen	Rang	Rangmittelwert	
FH Ostfriesland 1997	77	17,7	99 %	1		2,3
FH Ostfriesland 1998	74		96 %	3,5		
FH Osnabrück 1996	30	18,2	90%	5	6,8	5,8
FH Osnabrück 1997	23		83%	8,5		
FH/Uni Osnabrück 1998	48		96%	3,5	4,8	
FH/Uni Osnabrück 1999	35		87%	6		
FH Oldenburg 1995	35	19,7	53%	12	12	8,4
FH/Uni Oldenburg 1996	69		74%	11		
FH/Uni Oldenburg 1997	61		98%	2	7,7	
FH/Uni Oldenburg 1998	67		81%	10		
FH/Uni Oldenburg 1999	65		83%	8,5		
FH/Uni Oldenburg 2000	53		86%	7		

*Kosuch, 2000, S. 194

Die Teilnehmerinnen an den Sommerhochschulen der FH Ostfriesland sind mit 17,7 Jahren die jüngsten, gefolgt von Osnabrück mit 18,2 Jahren. Die Oldenburger „Studentinnen auf Probe" sind hingegen bereits durchschnittlich 19,7 Jahre alt (Kosuch, 2000, S. 194). Dem entsprechend haben die Sommerhochschulen in Ostfriesland den höchsten Anteil an Oberstufenschülerinnen (Rangmittelwert 2,3), gefolgt von Osnabrück (Rangmittelwert 5,8). Die Oldenburger Sommerhochschulen haben den geringsten Anteil an Oberstufenschülerinnen (Rangmittelwert 8,4). Die Veranstaltungen, die von der Fachhochschule alleine ausgerichtet wurden, haben im Vergleich zu der Mischveranstaltung am gleichen Standort eine geringere Anzahl von Oberstufenschülerinnen unter den Teilnehmerinnen (6,8 gegenüber 4,8 und 12 gegenüber 7,7). Gerade die Fachhochschulveranstaltungen sprechen auch anderer junge Frauen an.

Mathematisch-naturwissenschaftliche Leistungskurse

Über den Anteil an mathematisch-naturwissenschaftlichen Leistungskursen aller Sommerhochschulteilnehmerinnen der Oberstufe gibt Tabelle 12 Auskunft. Abbildung 9 visualisiert das Gesamtergebnis.

Nur insgesamt 15% von 290 Teilnehmerinnen, deren Leistungskurskombination bekannt ist, besuchen keinen Leistungskurs im mathematisch-naturwissenschaftlichen Bereich. Die Sommerhochschulveranstaltungen in Osnabrück haben den höchsten Anteil an Teilnehmerinnen mit mathematisch-naturwissenschaftlichen Leistungskursen, Oldenburg den geringsten, allerdings nur knapp hinter Ostfriesland. Die Quoten werden nun in Bezug gesetzt zu den Quoten von Schülerinnen in Niedersachsen der verschienenen Jahrgänge (Tabelle 13).

Tab. 12: Oberstufenschülerinnen nach Anzahl der mathematisch-naturwissenschaftlichen Leistungskurse in 11 Sommerhochschulen, Quote

Veranstaltung	N=	Zwei math.-nat. LK		Ein math.-nat. LK		kein math.-nat. LK		Quote*	Rang	Rangmittelwert
			%		%		%			
FH Ostfriesland 1997	28	6	21,4	16	57,1	6	21,4	50,0	9	
FH Ostfriesland 1998	39	13	33,3	21	53,8	5	12,8	60,3	3,5	6,3
FH Osnabrück 1996	14	7	50,0	7	50,0	0	0,0	75,0	1	
FH Osnabrück 1997	16	5	31,3	7	43,8	4	25,0	53,1	7	
FH/Uni Osnabrück 1998	n.e.	n.e.		n.e.		n.e.				
FH/Uni Osnabrück 1999	23	6	26,1	17	73,9	0	0,0	63,0	2	3,3
FH Oldenburg 1995	6	3	50,0	1	16,7	2	33,3	58,3	5	
FH/Uni Oldenburg 1996	34	0	0,0	31	91,2	3	8,8	45,6	10	
FH/Uni Oldenburg 1997	26	4	15,4	19	73,1	3	11,5	51,9	8	
FH/Uni Oldenburg 1998	39	12	30,8	23	59,0	4	10,3	60,3	3,5	
FH/Uni Oldenburg 1999	35	11	31.4	16	45.7	8	22.9	54.3	6	
FH/Uni Oldenburg 2000	30	2	6,7	20	66,7	8	26,7	40,0	11	7,3
Summe bzw. %	290	69	23,8	178	61,4	43	14,7	54,5*		

* Anteil der mathematisch-naturwissenschaftlichen Leistungskursfächer an allen Leistungskursfächern
n.e. = nicht erhoben

Abb. 9: Leistungskurse im mathematisch-naturwissenschaftlichen Bereich (N=290)

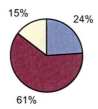

☐ zwei LK im math.-nat. Bereich ☐ ein LK im math.-nat. Bereich ☐ kein LK im math.-nat. Bereich

Tab. 13: Gegenüberstellung der Quoten mathematisch-naturwissenschaftlicher Leistungskurse von Sommerhochschulteilnehmerinnen und niedersächsischen Schülerinnen im Vergleichszeitraum

Veranstaltung	N=	Anteil an mathematisch-naturwissenschaftlichen LK	Quote in Niedersachsen im entsprechenden Jahr***	Differenz zwischen den Quoten
FH Ostfriesland 1997	28	50,0	31,1	18,9
FH Ostfriesland 1998	39	60,3	31,3	29,0
FH Osnabrück 1996	14	75,0	30,9	44,1
FH Osnabrück 1997	16	53,1	31,1	22,0
FH/Uni Osnabrück 1998	n.e.	--	31,3	
FH/Uni Osnabrück 1999	23	63,0	31,5	31,5
FH Oldenburg 1995	6	58,3	30,7	27,6
FH/Uni Oldenburg 1996	34	45,6	30,9	14,7
FH/Uni Oldenburg 1997	26	51,9	31,1	20,8
FH/Uni Oldenburg 1998	39	60,3	31,3	29,0
FH/Uni Oldenburg 1999	35	54,3	31,5	22,8
Summe/Quote	260	56,2*	31,1**	25,1%

***Eigene Berechnungen. Ein Dank geht an dieser Stelle an das niedersächsischen Kultusministerium für die Bereitstellung der Rohdaten zur Belegung von Leistungskursen an öffentlichen Gymnasien in Niedersachsen in den Jahren 1990-1999
* gewichtete Quote
**Quote 1995-1999

Aus den Rohdaten des niedersächsischen Kultusministeriums lassen sich keine Informationen zu den Leistungskurskombinationen gewinnen. Eine Statistik darüber wird im Ministerium nicht geführt. Daher wurde hier der Anteil an mathematisch-naturwissenschaftlichen Leistungskursen gegenüber anderen Leistungskursen der Schülerinnen errechnet und die niedersächsische Quote mit der der Sommerstudentinnen bezogen auf das jeweilige Veranstaltungsjahr verglichen. Die Differenz lässt sich Tabelle 13 entnehmen. Der Anteil der mathematisch-naturwissenschaftlichen Fächer unter den Leistungskurse ist bei den Teilnehmerinnen der Sommerhochschule gegenüber allen Schülerinnen in Niedersachsen im jeweiligen Vergleichszeitraum durchgängig höher und zwar insgesamt um 25%.

Auskünfte über Leistungskurskombinationen von Abiturientinnen und Abiturienten im Kurssystem der Oberstufe im gesamten Bundesgebiet gibt das HIS-Studienberechtigten-Panel (2.1, Abbildung 1). Tabelle 14 führt nun die Daten zusammen.

Tab. 14: Oberstufenschülerinnen nach Anzahl der mathematisch-naturwissenschaftlichen Leistungskurse in 11 Sommerhochschulen auf dem Hintergrund der bundesweiten Verteilung nach Studienberechtigtenpanel der HIS im Vergleichszeitraum

Veranstaltung	Oberstufenschülerinnen mit LK-Angabe	zwei LK im mathematisch-naturwissenschaft-lichen Bereich (%)		ein LK im naturwissen-schaftlich-technischen Bereich (%)		kein LK im naturwissen-schaftlich-technischen Bereich (%)	
		SHS	Frauen HIS	SHS	Frauen HIS	SHS	Frauen HIS
FH Ostfriesland 1997	28	21,4	11	57,1	43	21,4	46
FH Ostfriesland 1998	39	33,3	11	53,8	43	12,8	46
FH Osnabrück 1996	14	50,0	11	50,0	43	0,0	46
FH Osnabrück 1997	16	31,3	11	43,8	43	25,0	46
FH/Uni Osnabrück 1998	n.e.**	-	-	-	-	-	-
FH/Uni Osnabrück 1999	23	26,1	10	73,9	45	0,0	45
FH Oldenburg 1995	6	50,0	11	16,7	43	33,3	46
FH/Uni Oldenburg 1996	34	_0,0_	11	91,2	43	8,8	46
FH/Uni Oldenburg 1997	26	15,4	11	73,1	43	11,5	46
FH/Uni Oldenburg 1998	39	30,8	11	59,0	43	10,3	46
FH/Uni Oldenburg 1999	35	31,4	10	45,7	45	22,9	45
FH/Uni Oldenburg 2000	30	_6,7_	10	66,7	45	26,7	45
Summe/Quote	290	23,8	10,5	61,4	44	14,8	45,5

** nicht erhoben
☐ Anteil an mathematisch- naturwissenschaftlichen Leistungskursen sogar höher als bei den männlichen Studienberechtigten im Vergleichszeitraum, siehe Tab. 1, 2.1)

Der Anteil derjenigen, die zwei mathematisch-naturwissenschaftliche Leistungskurse besuchen, ist in neun von elf Sommerhochschulveranstaltungen durchschnittlich höher als im Bundesdurchschnitt. Bezogen auf die Wahl von ein oder zwei Leistungskursen liegen die Werte der Oberstufenschülerinnen in allen Veranstaltungen in mindestens einer der beiden Kategorien sogar noch höher als die der männlichen Vergleichsgruppe, bei fünf Veranstaltungen sogar in beiden Kategorien. Keinen Leistungskurs im naturwissenschaftlich-technischen Bereich belegt haben nur insgesamt 14,8% der Sommerhochschulteilnehmerinnen, im Bundesdurchschnitt sind es mit 45,5% dreimal so viele.

Berufswünsche und Studienorientierung

Über die Frage, ob überhaupt schon Berufswünsche vorhanden sind und wie sich dies in Bezug auf das Alter und die Tätigkeit der Sommerhochschulteilnehmerinnen darstellt, gibt Tabelle 15 Auskunft.

Tab. 15: Existenz von Berufswünschen bezogen auf Alter und Tätigkeit

Veranstaltung	n=	Alter*	Anteil Oberstufe	Rang	Rangmittelwert	Anteil ohne Berufswünsche	Rang	Rangmittelwert
FH Ostfriesland 1997	77		99 %	1		30%	4,5	
FH Ostfriesland 1998	74		96 %	3,5		42%	2	
		17,7			2,3			3,3
FH Osnabrück 1996	30		90%	5		0%	10,5	
FH Osnabrück 1997	23		83%	7,5		0%	10,5	
FH/Uni Osnabrück 1998	48		96%	3,5		30%	4,5	
FH/Uni Osnabrück 1999	35	18,2	87%	-	5,3	nicht erhoben		8,5
FH Oldenburg 1995	35		53%	11		43%	1	
FH/Uni Oldenburg 1996	69		74%	10		13%	8	
FH/Uni Oldenburg 1997	61		98%	2		20%	6	
FH/Uni Oldenburg 1998	67		81%	9		15%	7	
FH/Uni Oldenburg 1999	65		83%	7,5		11%	9	
FH/Uni Oldenburg 2000	53	19,7	86%	6	7,6	38%	3	5,7

*Kosuch, 2000, S. 194

Die Teilnehmerinnen der Sommerhochschulen der FH Ostfriesland sind durchschnittlich die jüngsten und haben den höchsten Anteil an Oberstufenschülerinnen. Hier ist auch der Anteil derjenigen am größten, die für sich noch keine Berufswünsche formulieren können. Die Daten der anderen Sommerhochschulen lassen sich nicht in vergleichbarer Weise zueinander beschreiben.

Der Anteil der Teilnehmerinnen, die studieren möchte, ist in Tabelle 16 dargelegt. Insgesamt 84,5 Prozent von 411 Sommerstudentinnen wollen ein Studium aufnehmen. Der Anteil ist in den Osnabrücker Sommerhochschulen am größten, in Ostfriesland am geringsten.

Der Anteil derjenigen unter den Teilnehmerinnen, die vor der Intervention ein Studium aufnehmen wollen, lässt sich in Bezug setzen zur Brutto-Studierquote der Frauen (Anteil all jener Hochschulzugangsberechtigten eines Jahrgangs, die ein Studium an einer Universität oder an einer Fachhochschule aufnehmen (werden). Durrer & Heine, 2001, S. 20). Die Brutto-Studierquote des Jahrgangs 1999 betrug 61%. Unter Berücksichtigung der Tatsache, dass diese zwischen den Jahrgängen 1990 und 1999 in Niedersachsen um insgesamt 8 Prozentpunkte zurückgegangen ist (beide Geschlechter, ebd. S. 25), liegt der Studierwille der Teilnehmerinnen durchgängig über dem Durchschnitt der Vergleichsgruppe des jeweiligen Jahrgangs.

Tab. 16: Studienwunsch

Veranstaltung	N=	Studienwunsch vorher	%	Rang	Rangmittelwert	
FH Ostfriesland 1997	40	28	70,0	10		9,5
FH Ostfriesland 1998	45	37	82,2	9		
FH Osnabrück 1996	13	13	100	1,5	3,3	4
FH Osnabrück 1997	17	15	88,2	5		
FH/Uni Osnabrück 1998	37	29	78,4	8	4,8	
FH/Uni Osnabrück 1999	19	19	100	1,5		
FH Oldenburg 1995	25	16	64,0	11	11	6,2
FH/Uni Oldenburg 1996	55	49	89,1	4		
FH/Uni Oldenburg 1997	47	45	95,7	3		
FH/Uni Oldenburg 1998	54	46	85,2	7	5	
FH/Uni Oldenburg 1999		nicht erhoben				
FH/Uni Oldenburg 2000	28	24	85,7	6		
Summe	380	321	84,5			

Welchen Stellenwert naturwissenschaftlich-technische Berufswünsche haben, lässt sich Tabelle 17 entnehmen. Abbildung 10 visualisiert das Gesamtergebnis.

Tab. 17: Berufswünsche vorher

Veranstaltung	N=	nur nat. tech.	%	nat.-tech. und nicht-nat.-tech.	%	kein nat.-tech.	%	Rang	Rangmittelwert
FH Ostfriesland 1997	39	21	53,8	10	25,6	8	20,5	5	3,5
FH Ostfriesland 1998	45	18	40,0	8	17,8	19	42,2	2	
FH Osnabrück 1996	13	7	53,8	3	23,1	3	23,1	3	6,5
FH Osnabrück 1997	18	11	61,1	4	22,2	3	16,7	6,5	
FH/Uni Osnabrück 1998	37	12	32,4	6	16,2	19	51,4	1	
FH/Uni Osnabrück 1999	19	11	57,9	6	31,6	2	10,5	9	
FH Oldenburg 1995	20	15	75,0	3	15,0	2	10,0	10	8,6
FH/Uni Oldenburg 1996	55	40	72,7	10	18,2	5	9,1	11	
FH/Uni Oldenburg 1997	50	32	64,0	11	22,0	7	14,0	8	
FH/Uni Oldenburg 1998	54	32	59,3	13	24,1	9	16,7	6,5	
FH/Uni Oldenburg 1999	37	18	48,6	11	29,7	8	21,6	4	
FH/Uni Oldenburg 2000	28	20	71,4	6	21,4	2	7,1	12	
Summe/Mittelwert	416	237	57,0	92	22,1	87	20,9		

Abb. 10: Berufswünsche vorher (N=416)

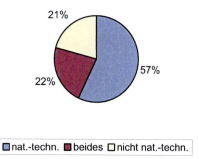

☐ nat.-techn. ■ beides ☐ nicht nat.-techn.

Von den Teilnehmerinnen der in Tabelle 17 aufgelisteten zwölf Sommerhochschulen, die vor der Veranstaltung Berufswünsche angegeben haben, gaben knapp über die Hälfte nur Wünsche im naturwissenschaftlich-technischen Bereich an (57%). Eine jeweils fast gleich große Gruppe gaben nur nicht-naturwissenschaftlich-technische Berufswünsche und Mischformen an. Insgesamt haben 79,1% der Teilnehmerinnen Berufswünsche im naturwissenschaftlich-technischen Bereich. Ein fünftel derjenigen, die Berufswünsche angeben, äußern nur Vorstellungen außerhalb des naturwissenschaftlich-technisch Bereichs (20,9%). Die Sommerhochschulen in Ostfriesland haben den höchsten Anteil an Teilnehmerinnen ohne Berufswünsche im naturwissenschaftlich-technischen Bereich, Oldenburg den geringsten.

Vorbilder

Die Frage nach beruflichen Vorbildern wurde bei acht Sommerhochschulveranstaltungen gestellt. Das Ergebnis ist in Tabelle 18 dargelegt.

Tab. 18: Berufliche Vorbilder

Veranstaltung	n=	Anteil ohne berufliche Vorbilder	Rang	Rangmittelwert
FH Ostfriesland 1997	77	87%	2	2,5
FH Ostfriesland 1998	74	85%	3	
FH Osnabrück 1996	30	53%	8	5,5
FH Osnabrück 1997	23	65%	7	
FH/Uni Osnabrück 1998	48	74%	6	
FH/Uni Osnabrück 1999	35	88%	1	
FH Oldenburg 1995		nicht erhoben		
FH/Uni Oldenburg 1996		nicht erhoben		
FH/Uni Oldenburg 1997	61	82%	5	4,5
FH/Uni Oldenburg 1998	67	84%	4	
FH/Uni Oldenburg 1999		nicht erhoben		
FH/Uni Oldenburg 2000		nicht erhoben		
Summe	415	80,3%*		

*gewichteter Wert

Rund 80% der Teilnehmerinnen haben keine beruflichen Vorbilder. Der Anteil ist in den Sommerhochschulen in Ostfriesland am höchsten.

2.2.4. Zusammenfassung und Diskussion

Tatsächlich erreicht die Sommerhochschule die Schülerinnen, die nach der Theorie der Selbstwirksamkeit am meisten von der Intervention profitieren, nämlich diejenigen, die bereits eine überdurchschnittliche Orientierung auf den naturwissenschaftlich-technischen Bereich hin aufweisen.

85% besuchen mindestens einen Leistungskurs im mathematisch-naturwissenschaftlichen Bereich. Der Anteil der Leistungskurse in diesem Bereich ist bei den Teilnehmerinnen der Sommerhochschule gegenüber allen Schülerinnen in Niedersachsen höher und zwar insgesamt um 25%. Auch der Anteil derjenigen, die zwei mathematisch-naturwissenschaftliche Leistungskurse besuchen ist den meisten Sommerhochschulveranstaltungen höher als im Bundesdurchschnitt. Sommerhochschulteilnehmerinnen wählen sogar häufiger als Jungen im Bundesdurchschnitt ein oder zwei Leistungskurse im mathematisch-naturwissenschaftlichen Bereich. Nur 14,8% der Sommerhochschulteilnehmerinnen haben keinen naturwissenschaftlich-technischen Leistungskurs belegt, bundesweit ist dieser Gruppe mit 45,5% dreimal so groß.

Auch die Studienorientierung ist stärker ausgeprägt als bei der Vergleichsgruppe des jeweiligen Jahrgangs Insgesamt 84,5 Prozent der Sommerstudentinnen wollen ein Studium aufnehmen. 79,1% der Teilnehmerinnen äußern Berufswünsche im naturwissenschaftlich-technischen Bereich. Zugleich haben rund 80% der Teilnehmerinnen keine beruflichen Vorbilder.

Im Standortvergleich zeigt sich, dass die Sommerhochschulen in Ostfriesland mit den jüngsten Teilnehmerinnen und dem höchsten Anteil an Oberstufenschülerinnen zugleich den größten Anteil an Teilnehmerinnen ohne naturwissenschaftlich-technische Berufswünsche, ohne Vorbilder und ohne Studierwillen aufweisen (Tabelle 19). Die durchschnittlich ältesten Teilnehmerinnen in Oldenburg mit dem geringsten Anteil an Oberstufenschülerinnen haben am häufigsten Berufswünsche im naturwissenschaftlich-technischen Bereich.

Tabelle 19: Sommerhochschulen im Vergleich: Überblick über die Rangmittelwerte

Standort der Sommerhochschulen	Alter	Anteil Oberstufenschülerinnen	ohne mathematisch-naturwissenschaftl. Leistungskurse	ohne naturwissenschaftlich-techn. Berufswünsche	Studienwunsch vorhanden	ohne Vorbilder
			Rangmittelwerte			
Ostfriesland	17,7	2,3	6,3	3,5	9,5	2,5
Osnabrück	18,2	5,3	3,3	6,5	4,0	5,5
Oldenburg	19,7	7,6	7,3	8,6	6,2	4,5

Daraus lässt sich schließen, dass die Sommerhochschule unter den älteren Teilnehmerinnen vor allem diejenigen mit hoher naturwissenschaftlich-technischer Orientierung und Studierwillen erreicht, unter den jüngeren erreicht sie verstärkt auch andere, deren Ausrichtung noch weniger fokussiert ist.

2.3 Einschätzung von Kenntnis, Interesse, Zutrauen und Wahlintention hinsichtlich der Studiengänge in der Sommerhochschule

Bei sechs Sommerhochschulveranstaltungen wurden Daten zur Messung der Effektivität der Veranstaltung auf dem Hintergrund der Theorie der Selbstwirksamkeitserwartung erhoben (1.1.1). Die Effektivität wurde in einer Prae-Post-Befragung differenziert mittels einer Ratingskala die Kenntnis über ein Studienfach, das Interesse daran, das Zutrauen (Selbstwirksamkeitserwartung) und die Erwägung, das Studienfach zu wählen, erhoben. In diesem Abschnitt geht es um die Frage der kognitiven Ausgangslage in diesen vier Ausprägungen.

2.3.1 Hypothesen und Fragen

Auf dem Hintergrund der hohen Technikorientierung (Leistungskurse, Berufswünsche) ist zu fragen, mit welchem Einschätzungsprofil der Teilnehmerinnen in die Sommerhochschulen kommen.

2.3.2 Methode

Über jede der vier Ausprägungen wurde ein Mittelwert gebildet auf der Basis der jeweiligen Mittelwerten aller Teilnehmerinnen einer Sommerhochschule. Dies war bei fünf Veranstaltungen möglich. Für jede Veranstaltung wurden die Mittelwerte in eine Rangfolge gebracht. Anschließend konnten die Rangmittelwerte für jede der vier Ausprägungen berechnet werden. Letztere wurden anschließend in einer Rangfolge gebracht. Darüber hinaus wurden die Mittelwerte in z-Werte überführt. Somit liegen fünf vergleichbare Replikationsuntersuchungen vor.

2.3.3 Ergebnisse

Wie Tabelle 20a zeigt, ist die kognitive Ausgangslage von hohem Interesse (durchgängig Rang 1) und geringer Kenntnis (Rangmittelwert 3,6) geprägt. Die Eingangswerte sind außerordentlich gering. Auch die höchsten Mittelwerte liegen auf der fünf- bzw. sechsstufigen Skala in der unteren Hälfte - einzige Ausnahme bildet mit 3,17 der Mittelwert bei „Interesse" der Veranstaltung Ostfriesland 1997.

Tab. 20a: „Kenntnis", „Interesse", „Zutrauen" und „Wahl": Mittelwerte vorher, Rang

	Ostfr. 1997[6]		Ostfr. 1998[6]		Osn. 1998[5]		Old. 1997[5]		Old. 1998[6]		Rangmittelwert
N=	56		42		38		31		57		
Interesse	3,17	1	1,90	1	1,54	1	2,03	1	2,90	1	1
Zutrauen	2,78	2	1,80	2	1,19	2	1,51	3	2,52	2	2,2
Wahl	2,11	3	0,94	3	0,57	4	1,52	2	1,78	4	3,2
Kenntnis	1,41	4	1,03	4	0,87	3	1,25	4	1,93	3	3,6

Einen Vergleich der Eingangswerte zwischen den Sommerhochschulveranstaltungen erlaubt Tabelle 20b, da hier eine Transformation in z-Werte durchgeführt wurde. Dabei wird deutlich, dass die Sommerhochschulen Ostfriesland 1998 und Osnabrück 1998 mit Abstand die geringsten Eingangswerte aufweisen.

Tab. 20b: „Kenntnis", „Interesse", „Zutrauen" und „Wahl": Mittelwerte vorher, Rang (Z-Werte)

	Ostfr. 1997[6]		Ostfr. 1998[6]		Osn. 1998[5]		Old. 1997[5]		Old. 1998[6]		Rangmittelwert
N=	56		42		38		31		57		
Interesse	0,53	1	0,32	1	0,31	1	0,41	1	0,48	1	1
Zutrauen	0,46	2	0,30	2	0,24	2	0,30	3	0,42	2	2,2
Wahl	0,35	3	0,16	3	0,11	4	0,30	2	0,30	4	3,2
Kenntnis	0,24	4	0,17	4	0,17	3	0,25	4	0,32	3	3,6

2.3.4 Diskussion

Deutlich wird, dass das Interesse an den in der Sommerhochschule vorgestellten Studiengängen bereits vergleichsweise hoch ist. Dass die Kenntnis über diese Fächer bezogen auf die anderen drei Ausprägungen so gering ausfällt, scheint zunächst überraschend. Doch betrachtet man dieses Ergebnis im Kontext der Erwartungen an die Sommerhochschule, so ergibt sich ein kongruentes Bild. Die Teilnahmemotive sind mit 46,8% für die Erkundung naturwissenschaftlich-technischer Studiengänge und 42,6% für die Erkundung des Hochschulbetriebs (bei Mehrfachnennungen, I 2.1) deutlich informationsorientiert.

2.4 Zusammenhang zwischen Leistungskursprofil und der Selbsteinschätzung von Kenntnis, Interesse, Zutrauen und Wahlintention naturwissenschaftlich-technischer Studienfächer vor der Sommerhochschule

In diesem Abschnitt soll der Frage nachgegangen werden, ob es Unterschiede zwischen den Teilnehmerinnen an der Intervention „Sommerhochschule" in den genannten Ausprägungen gibt, die sich auf das jeweilige Leistungskursprofil zurückführen lassen: zwei, ein oder keine Leistungskurs im mathematisch-naturwissenschaftlichen Bereich.

2.4.1 Hypothesen und Fragen

Zu vermuten ist, dass Schülerinnen, die Leistungskurse im mathematisch-naturwissenschaftlichen Bereich belegt haben, zwar hier deutlich mehr Kenntnisse und Kompetenzen haben als diejenigen ohne Leistungskurs in diesem Bereich, doch das bedeutet nicht, dass sie auch mehr Kenntnisse über Studiengänge in diesem Bereich haben. Angesichts der Forschungsergebnisse, das insbesondere Schülerinnen sich von der Schule schlecht auf das Studium vorbereitet fühlen, sind hier keine Unterschiede zu erwarten (vgl. 2.2). Durch die Leistungskurswahl haben Schülerinnen zudem eine Aussage über ihre Interessen gemacht, sodass zu vermuten ist, dass das Studieninteresse derjenigen mit zwei Leistungskursen im mathematisch-naturwissenschaftlichen Bereich an den Studienfächern der Sommerhochschule höher ist. Doch dieser Effekt könnte dadurch nivelliert werden, dass die Grundgesamtheit ja aus Sommerhochschulteilnehmerinnen besteht, also grundsätzlich besonders Interessierten, egal welche Leistungskurse sie besuchen. Ein ähnlicher Effekt ist bezüglich der Wahlintention zu vermuten.

Einziger zu vermutender Unterschied könnte in der Ausprägung der Selbstwirksamkeit bestehen. Schülerinnen mit zwei mathematisch-naturwissenschaftlichen Leistungskursen sind häufiger Erfahrungen ausgesetzt, die die Selbstwirksamkeit im naturwissenschaftlich-technischen Bereich steigern können (vgl. 2.4.1.2). So ist zu vermuten, dass das Zutrauen vor der Intervention, naturwissenschaftlich-technische Studienfächer zu studieren, bei der Gruppe mit zwei mathematisch-naturwissenschaftlichen Leistungskursen am größten und bei der Gruppe ohne solche Leistungskurse am geringsten ist. Da sich dies wahrscheinlich auch auf die Studienwahlintention auswirkt, kann die Hypothese formuliert werden, dass die Gruppe „zwei Leistungskurse im mathematisch-naturwissenschaftlichen Bereich" bei „Zutrauen" deutlich höhere Werte aufweis, als die anderen beiden Gruppen.

2.4.2 Methode

Dieser Hypothese wurde auf der Basis der Daten der Oldenburger Sommerhochschulen 1997 und 1998 nachgegangen. Da die einzelnen Stichprobe zu klein sind - obwohl alle Teilnehmerinnen einbezogen werden konnten, die sich an der Prä-Befragung beteiligt haben - wurden die beiden Sommerhochschulveranstaltungen zusammengefasst. Dies war deshalb möglich, weil 1997 und 1998 die gleichen Studiengänge erkundet wurden. Die unterschiedlichen Skalenniveaus der Ratings wurden durch die Bildung von z-Werten ausgeglichen.

Auf der Basis der Angaben der Teilnehmerinnen zum 1. und 2. Leistungskurs wurden drei Profilgruppen gebildet. Dabei stand die Frage der Belegung mathematisch-naturwissenschaftlicher Fächer im Mittelpunkt:

Kategorie 1: zwei mathematisch-naturwissenschaftliche Leistungskurse

Kategorie 2: mathematisch-naturwissenschaftlicher und nicht-mathematisch-naturwissenschaftlicher Leistungskurs

Kategorie 3: keine mathematisch-naturwissenschaftliche Leistungskurse

Anschließend wurde der Zusammenhang zwischen der Anzahl mathematisch-naturwissenschaftlicher Leistungskurse und der Einschätzung vor der Teilnahme an der Sommerhochschule bezüglich Kenntnis, Interesse, Zutrauen und Wahl einzelner Studiengänge in einer Varianzanalyse im F-Test auf Signifikanz geprüft.

Die Untersuchung wurde mit den Daten der Sommerhochschulen 1997 und 1998 in Ostfriesland in gleicher Weise wiederholt, um zu überprüfen, ob sich das Ergebnis replizieren lässt.

2.4.3 Ergebnisse

Tabelle 21a zeigt Kategorien mit ihren Häufigkeiten, Tabelle 21b die Ergebnisse der 44 Signifikanztests.

Tab. 21a: Kategorien und Häufigkeiten (Oldenburg 1997 und 1998)

Kategorie*	SHS 1997[5]	SHS 1998[6]	gesamt
1	10	15	**25**
2	27	29	**56**
3	9	7	**16**
Gesamt	46	51	**97**

*Kat. 1: Zwei mathematisch-naturwissenschaftliche LK
Kat. 2: Ein mathematisch-naturwissenschaftlicher LK
Kat. 3: Kein mathematisch-naturwissenschaftlicher LK

Tab. 21b: Drei Leistungskursprofilgruppen im Vergleich

Studienfach	Kenntnis	Interesse	Zutrauen	Wahl
Architektur	nicht sign.	nicht sign.	nicht sign.	nicht sign.
Bauingenieurwesen	nicht sign.	nicht sign.	nicht sign.	nicht sign.
Vermessungswesen	nicht sign.	nicht sign.	nicht sign.	nicht sign.
Seefahrt	nicht sign.	nicht sign.	nicht sign.	nicht sign.
Elektrotechnik	nicht sign.	nicht sign.	*sign.**	nicht sign.
Maschinenbau	nicht sign.	nicht sign.	*sign.***	nicht sign.
Mathematik	nicht sign.	nicht sign.	nicht sign.	nicht sign.
Physik	nicht sign.	nicht sign.	*sign.**	nicht sign.
Chemie	nicht sign.	nicht sign.	nicht sign.	nicht sign.
Biologie	nicht sign.	nicht sign.	nicht sign.	nicht sign.
Informatik	nicht sign.	nicht sign.	nicht sign.	nicht sign.

* signifikant (0.05, siehe Tabelle 21c)
** hoch signifikant (0.01, siehe Tabelle 21c)

Die drei Leistungskursprofilgruppen unterscheiden sich nicht signifikant in ihrer Kenntnis der Studiengänge, in ihrem Interesse daran und in ihrer Wahlintention. Das bedeutet, dass das Leistungskursprofil der Teilnehmerinnen der Sommerhochschule keinen Einfluss auf die kognitive Ausgangslage in diesen drei Ausprägungen hat. Signifikante Unterschiede im Ausmaß der Selbstwirksamkeitsüberzeugung zwischen den verschiedenen Leistungskursprofilgruppen gibt es in drei von elf Fächern, in Elektrotechnik, Maschinenbau und Physik. Wie sich diese Unterschiede darstellen, kann Tabelle 21c entnommen werden.

Tabelle 21c: Signifikante Ergebnisse im F-Test

		Mittelwerte (Z-Werte)			
	F=	zwei math.-naturwiss. LK (N=xx)	ein math.-naturwiss. LK (N=xx)	kein math.-naturwiss. LK (N=xx)	P
Elektrotechnik Zutrauen	3,921	0,29	0,17	0,14	0,023*
Maschinenbau Zutrauen	5,364	0,29	0,17	0,10	0,006**
Physik Zutrauen	3,110	0,38	0,23	0,20	0,049*

Das Zutrauen, das jeweilige Studienfach zu studieren, ist bei der Gruppe mit zwei mathematisch-naturwissenschaftlichen Leistungskursen am höchsten, gefolgt von der Gruppe mit einem Leistungskurs in diesem Bereich. Am geringsten ist das Zutrauen bei den Schülerinnen ohne mathematisch-naturwissenschaftlichen Leistungskurs.

2.4.4 Diskussion

Was die Unterschiede zwischen den drei Leistungskursprofilgruppen in Kenntnis, Interesse und der Wahlintention angeht, so wird die Hypothese bestätigt. Diejenigen, die die Sommerhochschule besuchen, weisen eine überdurchschnittliche naturwissenschaftlich-technische Orientierung auf und zwar auch diejenigen, die keine Leistungskurse in diesem Bereich besuchen. Daher unterscheiden sich die drei Gruppen nicht.

Zunächst scheint es überraschend, dass sich die Gruppen nicht in ihrem Zutrauen zu allen elf Studienfächern unterscheiden, haben die Schülerinnen mit zwei Leitungskursen im naturwissenschaftlich-technischen Bereich doch mehr Möglichkeiten selbstwirksamkeitssteigernde Erfahrungen zu sammeln. Bei den drei Studienfächern, bei denen signifikante Unterschiede vorliegen - Elektrotechnik, Maschinenbau und Physik - handelt es sich um die Studiengänge mit dem anhaltend geringsten Frauenanteil und - bezogen auf Fragen der Berufswahl die noch bedeutendere Zahl - der geringsten Anfängerinnenquote (vgl. Tabelle 4 und Abbildung 1, 2.1). Auch eine aktuelle BLK-Studie bestätigt, dass es gerade „die klassischen Ingenieurstudiengänge Elektrotechnik und Maschinenbau" und „die klassischen naturwissenschaftlichen Studiengänge Informatik und Physik" sind, die in zu geringem Ausmaß junge Frauen ansprechen (BLK, 2002, S. 68).

Zu vermuten ist, dass die studienfachbezogene Selbstwirksamkeit nur dann direkt abhängt von der Intensität der Erfahrung im mathematisch-naturwissenschaftlichen Bereich, wenn es sich um Studienfächer handelt, bei denen die Selbstwirksamkeit kollektiv sehr gering ist. Auch andere Studien weisen auf einen solchen Effekt hin. So gibt es einen direkten Zusammenhang zwischen Geschlechtsunterschieden in berufsbezogener Selbstwirksamkeitserwartung und dem Prozentsatz an Frauen und Männern in verschiedenen Berufen (Bores-Rangel, Church, Szendre & Reeves, 1990; Church u.a., 1992; Wheeler, 1993 zitiert nach Hackett 1995, für den deutschsprachigen Raum Strohmeyer & Wender 1996, vgl. auch Wender 1999, S. 140). Allerdings ließ sich das Ergebnis mit den Daten aus Ostfriesland nicht replizieren.

2.5 Zusammenfassung

Insgesamt lässt sich zur kognitiven Ausgangslage vor die Intervention das folgende Bild zeichnen.

Die Teilnehmerinnen an Sommerhochschulveranstaltungen weisen eine überdurchschnittliche naturwissenschaftlich-technische Orientierung auf und zwar auch diejenigen, die keine Leistungskurse in diesem Bereich besuchen. Sie

- besuchen mit 85% überdurchschnittlich häufig ein oder zwei naturwissenschaftlich-technische Leistungskurse.
- haben zu rund 80 % Berufswünsche im naturwissenschaftlich-technisch Bereich aber keine Vorbilder.
- sind mit einen Anteil von 85% häufiger studierwillig als die Vergleichsgruppe des jeweiligen Jahrgangs im Bundesdurchschnitt.

Für Sie ist

- der Wunsch nach Orientierung im Hochschulbetrieb und Erkundung naturwissenschaftlich-technischer Studiengänge wichtiger als die explizite Suche nach Entscheidungshilfe
- die Erkundung des Hochschulbetriebs genauso wichtig wie das Erkunden der naturwissenschaftlich-technischen Studiengänge selbst.

Ihre kognitive Ausgangslage ist zudem geprägt von

- vergleichsweise hohem Interesse aber sehr geringer Kenntnis an den in der Sommerhochschule vorgestellten Studienfächern.

Die Sommerhochschule erreicht mit den überdurchschnittlich naturwissenschaftlich-technisch orientierten Schülerinnen diejenigen, die der Theorie der Selbstwirksamkeit zufolge am meisten von der Intervention profitieren.

Wie wirksam die Intervention ist und welche Auswirkung sie hat, soll im nächsten Forschungsschritt untersucht werden.

3. Wirksamkeit der Intervention „Sommerhochschule"

Im ersten und größten Abschnitt dieses Kapitels wird die Effektivität der Sommerhochschule auf dem Hintergrund der Theorie der Selbstwirksamkeitserwartung untersucht (3.1). Anschließend wird der Wirksamkeit hinsichtlich der Hochschulart - Fachhochschule oder Universität - nachgegangen und schließlich die Frage beantwortet, welche Auswirkungen auf das Spektrum der Berufswünsche die Intervention hat (3.3). Auch dieses Kapitel schließt mit Zusammenfassung und Diskussion (3.4).

3.1 Kognitive Veränderungen in Hinblick auf studiengangsbezogene Kenntnisse, Selbstwirksamkeitserwartung, Interesse und Studienwahlintention

Wie bereits dargelegt, wurden in Anlehnung an die empirischen Untersuchungsmethoden des Braunschweiger Modellprojektes „Technik zum Be-Greifen" bei sechs Sommerhochschulveranstaltungen Daten zur Messung der Effektivität der Veranstaltung auf dem Hintergrund der Theorie der Selbstwirksamkeitserwartung erhoben, und zwar Einschätzungen zu „Kenntnis", „Interesse", „Zutrauen" und „Wahl" vor und nach der Veranstaltung. Die Analyse der kognitiven Ausgangslage hatte in diesem Aspekt ergeben, dass die Teilnehmerinnen vor der Veranstaltung ein vergleichsweise hohes Interesse und geringe Kenntnisse aufweisen (I 2.3.3). Welche kognitiven Veränderungen hinsichtlich der vier Dimensionen vorliegen und in welchem Ausmaß diese miteinander zusammenhängen, wird in diesem Forschungsschritt untersucht.

3.1.1 Entwicklung von Hypothesen und Fragen im Forschungsprozess - Methoden

Die Entwicklung der Fragestellungen und Hypothesen ist chronologisch gegliedert nach dem tatsächlichen Ablauf des Erkenntnisprozesses. So war die erste Frage zugleich auch die erste Forschungsfrage. Die weiteren Hypothesen und Fragestellungen und die daraus abgeleiteten methodischen Auswertungsschritte entstanden jeweils auf der Basis der kritischen Würdigung der vorherigen Ergebnisse. Es handelt sich dabei forschungsmethodisch jeweils um eine Sekundäranalyse bereits vorliegender Daten.

Ausgangspunkt für die Fragestellungen der Sekundäranalyse waren Ergebnisse, die im Rahmen der Evaluation bei fünf Sommerhochschulveranstaltungen erhoben wurden. Auf Signifikanz getestet worden waren die Veränderungen in den vier Ausprägungen bezogen auf alle einzelnen Studienfächer im Prä-Post-Vergleich (vgl. Buddrick, 1998, 1999; Kosuch, 1997c, Tendler & Wetzel 1998, Bühring, 1998). Die Daten der Sommerhochschule in Ostfriesland 1997 wurden nicht in dieser Weise ausgewertet, da die einzelnen Stichproben zu klein waren. Tabelle 22 zeigt die Ergebnisse im Überblick.

Wie in diesem Überblick deutlich wird, konnte im Prä-Post-Vergleich eine signifikante Zunahme in den meisten Fällen nur bezüglich der Kenntnisse über die vorgestellten Studiengänge erzielt werden. Hier führte in 49 von 54 Fällen das Interventionsprogramm zu einem signifikanten Ergebnis. In allen anderen Ausprägungen liegen nur wenige signifikante Zunahmen und sogar einige signifikante Abnahmen vor.

Die erste Schlussfolgerung war, dass die Sommerhochschule als studien- und berufsorientierende Maßnahme vor allem informativ wirkt. Doch in den von der Autorin angeregten und betreuten Verbleibsstudien zu insgesamt sechs Sommerhochschulveranstaltungen in Oldenburg und Osnabrück gab es viele Hinweise darauf, dass die Wirkung der Sommerhochschule deutlich über den nachgewiesenen Informationscharakter hinausgeht (Tendler, 1999; Buddrick & Bühring 2000, eigene Berechnungen, siehe Kap. I 3.3.4).

Tab. 22: Häufigkeit der Ausprägungen in den Signifikanztests zur Veränderung von „Kenntnis", „Interesse", „Zutrauen" und „Wahl" bzgl. der zu beurteilenden Studiengängen (zweiseitige T-Tests für abhängige Stichproben)

Sommerhochschule*	Oldenburg 1997	Oldenburg 1998	Osnabrück 1998	Osnabrück 1999	Ostfriesland 1998	Summe
	N=23*	n=57	n=38	n=30**	n=42	160 (190**)
Anzahl der Studienfächer	5	10	12	12	14	53, insgesamt (36 verschiedene)
Kenntnis						53
sign. Zunahme	4	10	12	12	11	49
nicht sign.	1	--	--	--	3	4
sign. Abnahme	--	--	--	--	--	--
Interesse						41
sign. Zunahme	--	--	1		--	1
nicht sign.	4	10	11		9	34
sign. Abnahme	1	--	--		5	6
Zutrauen						53
sign. Zunahme	--	--	4	4	--	8
nicht sign.	5	10	8	8	13	44
sign. Abnahme	--	--	--	--	1	1
Wahl						41
sign. Zunahme	--	--	1		--	1
nicht sign.	3	10	11		14	38
sign. Abnahme	2	--	--		--	2

* Signifikanzen zur einzelnen Studienfächern konnte nur auf der Basis von 23 Probandinnen errechnet werden, da der Rücklauf zu den anderen Studienfächern zu gering war.
** nur Kenntnis und Zutrauen

Bei dieser Form der Auswertung wurde jedoch implizit davon ausgegangen, dass die Intervention einen durchgängigen Effekt für jede Teilnehmerin bezogen auf jedes Studienfach haben würde. Doch berücksichtigt man, dass es sich bei den Sommerhochschulen um ein Programm handelt, bei dem mehrere Studienfächer von den Teilnehmerinnen erkundet werden, zu denen jeweils eine ganz unterschiedliche Voreinstellung besteht, so können die Veränderungen in den anderen drei Ausprägungen - über alle Sommerhochschulteilnehmerinnen hinweg ausgewertet - nicht signifikant werden (siehe auch c.). Dies hat dazu geführt, 1999 diese Form der Befragung wieder aus den Fragebögen herauszunehmen.

Erst bei einer erneuten Inaugenscheinnahme der Daten im Rahmen der hier durchgeführten Studie wurde dieser „Denkfehler" erkannt.

Das Ziel dieser Untersuchung ist nun, eine erweiterte und vertiefte Analyse der Wirksamkeit der Intervention „Sommerhochschule" anhand der Selbsteinschätzungen der Teilnehmerinnen zu den Kenntnissen über die Studienfächer, der studienfachbezogenen Selbstwirksamkeitserwartung, dem Studieninteresse und der erwogenen Studienwahl im Bereich des naturwissenschaftlich-technischen Fächerspektrums vorzunehmen. Es gab vor allem drei Gründe die Daten nochmals genauer zu betrachten und unter anderen Hypothesen und Fragestellungen und mit anderen Methoden zu analysieren.

Die vier Ausgangspunkte für die Sekundäranalyse der Daten, waren

a. das Kontrollgruppenproblem.

Anders als in den Untersuchungen in Braunschweig, gab es keine Befragung von nicht in die Intervention einbezogenen Personen. Anderseits gab es aber Kontrollstudiengänge, nämlich Einschätzungen der Programmteilnehmerinnen über Studiengänge, die nicht in die Intervention bzw. in ihr Erkundungsprogramm einbezogen waren. Diese Vergleichsgröße war bisher nicht genutzt worden.

b. **die Auffälligkeit, dass die Werte der Probandinnen bei den Einschätzungen von Studienfächern, die nicht Teil des Sommerhochschulprogramms waren, nach der Veranstaltung gegenüber der anfänglichen Einschätzung abnahmen**

Tabelle 23 zeigt diesen Effekt beispielhaft anhand der Mittelwerte der Einschätzung auf einer sechsstufigen Skala vor und nach der Sommerhochschulveranstaltung 1998 in Oldenburg.

Tab. 23: Gemittelte Mittelwerte der Probandinnen zu den nicht erkundeten Studienfächern vor und nach der Sommerhochschule Oldenburg 1998 (sechsstufige Skala)

	Mittelwert		
	Nicht erteilte Fächer (Elektrotechnik, Maschinenbau)		
	vorher	nachher	Differenz
Kenntnis	1,00	0,72	- 0,28
Interesse	1,54	1,08	- 0,46
Zutrauen	1,46	1,14	- 0,32
Wahl	0,83	0,71	- 0,12

Ein ähnlicher Effekt trat bezogen auf die Einschätzung von Studienfächern auf, die in der Sommerhochschule zwar vorgestellt, aber nicht erkundet wurden. Auch hier zeigte sich eine Tendenz zur Abnahme der Werte nach der Teilnahme an der Veranstaltung.

Dieser Effekt lässt vermuten, dass durch die Intervention Einschätzungsmaßstäbe verändert werden, die die Einschätzung prä gegenüber den Einschätzungen post als Überschätzung erscheinen lassen. Er weist auf die ambivalente Wirkung der konkreten Ausführung einer Aktivität hin, durch die neue Aspekte eines Gegenstandes in den Fokus gerückt werden. Auch Bandura weist auf diesen Effekt hin :„In performing activities, people may discover new things about the task as well as about themselves. These discoveries can sometimes produce the seemingly paradoxical effect of success lowering perceived self-efficacy." (Bandura, 1998, S. 82 f.) Trotz der erfolgreichen Bewältigung kann die Selbstwirksamkeit reduziert werden - die neue Beurteilungsgrundlage zur Abnahme der subjektiven Einschätzung führen. In komplexen Lernsituationen entstehen auf der Basis von erhaltenen Antworten neue Fragen. Dieser Effekt wird bei den erkundeten Studienfächern durch steigernde Effekte überlagert, bei den nicht erkundeten Studienfächern wird dieser Trend nicht aufgehoben.

Diese gegenläufigen Auswirkungen müssen also mit berücksichtigt werden, wenn es um die Bewertung von Zunahmen hinsichtlich der Einschätzungen der vier Ausprägungen durch die Intervention geht. Die Daten können um diesen Effekt bereinigt werden, in dem der mittlere Anstieg der vorgestellten Fächer mit dem mittleren Anstieg der nicht vorgestellten Fächer in Bezug gesetzt wird. In den T-Test für abhängige Stichproben gehen dann je Probandin ein Wert über alle Fächer ein.

c. **Unterschiede in den Interdependenzen bei der Bewertung von „Kenntnis", „Interesse", „Zutrauen" und „Wahl"**

Die Probandinnen hatten vor und nach der Veranstaltung jeweils eine ganze Reihe von erkundeten und nicht erkundeten Studiengängen hinsichtlich der vier Dimensionen zu bewerten. Dabei kommen zwei verschiedene Bewertungsprozesse zum tragen. Bei „Interesse" und „Wahl" handelt es sich um einen tendenziell abhängigen Bewertungsprozess, bei „Kenntnis" und „Zutrauen" laufen tendenziell unabhängige Bewertungsprozesse ab.

Beim abhängigen Bewertungsprozess spielt das Moment der Entscheidung eine Rolle. Die Entscheidung für eine bestimmte Sache führt dazu, dass konkurrierende Intentionen und Handlungsimpulse abgeschirmt werden (Heckhausen u.a. 1987). Beim Bekunden von Interesse und bei der Wahl eines Studienfaches wird ein Abwägungsprozess in Gang gesetzt zwischen den verschiedenen aufgelisteten Studiengängen. Mit der Zuwendung zu einem, wendet man sich ggf. von den anderen Alternativen ab. Bei „Interesse" und „Wahl" kann es also zur Abnahme eines Wertes zugunsten eines anderes kommen und umgekehrt.

Bei den Bewertungen von „Kenntnis" und „Zutrauen" besteht die Abhängigkeit zwischen den zu bewertenden Studienfächern nicht in dieser Weise. Beide können theoretisch in allen Fächern parallel ansteigen. Die Bewertung der Kenntnis und des Zutrauens zu einem Studienfach hängt nicht unmittelbar davon ab, wie dieser Bewertungsprozess hinsichtlich eines anderen Studienfaches ausfällt - es kommt also nicht unweigerlich zur Abnahme eines Wertes zugunsten eines anderes.

Interesse und die Erwägung, ein Studienfach zu studieren sind also beides Dimensionen, die interdependent sind. Sie differenzieren sich aus. Demnach müsste nach der Intervention die Standardabweichung von „Interesse" und „Wahl" und höher sein als bei „Kenntnis" und „Zutrauen". Ein eher abhängiger und eine eher unabhängiger Bewertungsprozess lässt sich tatsächlich anhand der Standardabweichungen aller Probandinnen vor und nach der Veranstaltung aufzeigen (Tabelle 24). In allen sechs Fällen haben „Kenntnis" und „Zutrauen" eine geringere durchschnittliche Standardabweichung (Rang 1 und 2). als „Interesse" und „Wahl" (Rang 3 und 4).

Tabelle 24: Standardabweichung aller Probandinnen, Rangfolge

	Ostfriesland 1997		Oldenburg 1997		Oldenburg 1998	
	vorher	nachher	vorher	nachher	vorher	nachher
Kenntnis	0,85 1	0,54 1	1,12 1	0,75 1	1,33 1	0,72 1
Zutrauen	1,21 2	1,02 2	1,26 2	1,22 2	1,37 2	1,31 2
Interesse	1,26 3	1,08 3	1,61 3,5	1,45 4	1,53 3,5	1,46 3
Auswahl	1,30 4	1,33 4	1,61 3,5	1,36 3	1,53 3,5	1,61 4

Mit diesem Effekt kann auch erklärt werden, warum durch die Intervention das Interesse und die Studienwahlintention nicht durchgängig *über alle erkundeten Studiengänge* zunimmt und ggf. signifikant wird (siehe a).

d. die Überlegung, dass es für den Prozess der Studienwahl hinreichend ist, wenn die Intervention für jede Sommerhochschulteilnehmerin in *einem* der erkundeten Studiengänge effektiv ist

Diese Perspektive führt zu einem neuen Effektivitätskriterium, das erlaubt, die Signifikanztestung auf der Basis der „besten" Werte durchzuführen. Die in diesem Zusammenhang entwickelten Operationalisierungen sind in Abbildung 11 aufgeführt.

Im Folgenden werden die Hypothesen und Fragen noch einmal zusammenfassend dargelegt und ergänzt.

Abb. 11: Effektivitätskriterium und Operationalisierung am Beispiel „Wahl"

Effektivitätskriterium	Operationalisierung im T-Test
Nach der Veranstaltung wird *eines der vorgestellten Studienfächer* in die engere Wahl gezogen. Dieses Fach kann, muss aber nicht aus dem Pool der Fächer stammen, die bereits vor der Veranstaltung als Studienwunsch angestrebt wurden.	Für jede Probandin wird zunächst der höchste Wert in der Kategorie „Wahl" in den „Post"-Daten herausgesucht.
Die Sommerhochschule gilt nur dann als effektiv, wenn die Selbsteinschätzung in der Gruppe der Probandinnen bezogen auf jeweils ein Studienfach *signifikant zugenommen* hat.	Dem höchsten „Post" Wert wird der entsprechende „Prae"-Wert gegenübergestellt. Sollten zwei gleich hohe „Post"-Werte vorliegen, so wird das Fach mit der höchsten *Veränderung* gegenüber dem „Prae"-Wert ausgewählt. Indem hier der höchste *absolute* Zuwachs als Kriterium gewählt wurde, ist sichergestellt, dass nicht nur die Zunahme, sondern ggf. auch die Abnahme eines Wertes in den T-Test eingeht.

3.1.1.1 Hypothesen und Fragen im Überblick

Forschungsfragen

- Wie wirksam ist die Sommerhochschule bezogen auf die Interventionsfächer (Interventionsfächer-Kontrollfächer)?
- Wie wirksam ist die Sommerhochschule bezüglich der für die Studienwahl hinreichenden Orientierung auf *ein* zukünftiges Studienfach (vorher-nachher)?
- Welche Zusammenhänge bestehen bei der Steigerung von Selbstwirksamkeit, Kenntnis, Interesse und Studienwahlintention zwischen den einzelnen Faktoren?

Hypothesen zum Zusammenhang zwischen Selbstwirksamkeit, Kenntnis, Interesse und Studienwahlintention im Prozess der Studienwahl

Aus der Forschungsliteratur zur Selbstwirksamkeit lässt sich ableiten, welche Zusammenhänge zu erwarten sind.

Zutrauen-Kenntnis

Nach Hackett (1995) ist es sehr wahrscheinlich, dass die Bereitstellung von Information an sich schon eine Intervention darstellt (ebd., S. 237). Berufsinformationen können zu ganz unerwarteten Einschätzungen der Selbstwirksamkeit führen. Aufgrund der Ambivalenz der Wirkung von Information auf die Selbstwirksamkeitsüberzeugung ist hier insgesamt ein eher geringer Zusammenhang zu erwarten (siehe Kap. 2.4.2.3).

Zutrauen-Wahl

Bisherige Forschungsergebnisse haben einen engen Zusammenhang zwischen Selbstwirksamkeitserwartung und den Prozess der Berufswahl nachgewiesen. Da Selbstwirksamkeit auch auf zentrale Einflussvariablen, wie beispielsweise Interesse, für die Vorhersage von Berufsentscheidungen einwirkt (Hackett, 1995, siehe Kap. 2.4.2.2), müsste der Zusammenhang zwischen Selbstwirksamkeit und Wahlintention enger sein als zwischen den anderen drei Einflussvariablen und der Wahlintention.

Zutrauen-Interesse

Zwischen Interesse und Selbstwirksamkeitserwartung besteht eine reziproke Beziehung, der Zusammenhang ist jedoch noch nicht vollständig aufgeklärt, (siehe Kap. 2.4.2.2).

Aufgabe der Studie ist es nun, die Höhe des jeweiligen Zusammenhangs im Rahmen der Intervention Sommerhochschule herauszuarbeiten.

3.1.2 Auswahl der Daten für die Sekundäranalyse

Betrachtet man die erhobenen Daten zu den verschiedenen Sommerhochschulveranstaltungen (Tabelle 25), so zeigt sich, dass nur drei Veranstaltungen für die oben beschriebenen Schritte der Sekundäranalyse unter Einbezug der Kontrollfächer in Frage kommen. Zur Sommerhochschule 1997 in Ostfriesland sowie 1997 und 1998 in Oldenburg wurden Daten zu den vier Ausprägungen „Kenntnis", „Interesse", „Zutrauen" und „Wahl" vor und nach der Veranstaltung erhoben und zwar sowohl zu den erkundeten Studienfächern als auch zu den Kontrollfächern (letzte Spalte). Zu den letzteren zählen Studienfächer, die im Programm nicht vorkamen (Oldenburg 1997, 1998) oder an denen die Teilnehmerinnen aufgrund ihrer Programmzuordnung nicht teilgenommen haben (Ostfriesland 1997). Für andere Aspekte der Sekundäranalyse kann darüber hinaus auf die Sommerhochschulveranstaltungen Ostfriesland 1998 und Osnabrück 1998 zurückgegriffen werden (vorletzte Spalte).

Tab. 25: Sommerhochschulen 1995-2000: Daten zum Informationsgrad, Selbstwirksamkeitserwartung, Interesse und Studienwahlintention

Evaluierte Veranstaltungen	N=	Eingangsfragebögen	Evaluationsdaten prä-post	Prä-post-Erhebung in den vier Ausprägungen zu den erkundeten Studienfächern	Prä-post-Erhebung zur Kontrollgruppe nicht erteilter /nicht gewählter Studienfächer
FH Ostfriesland 1997	102	77	60	56	56
FH Ostfriesland 1998	96	74	42	42	--
FH Osnabrück 1996	28	28	16	--	--
FH Osnabrück 1997	21	21	19	-	--
FH/Uni Osnabrück 1998	48	48	47	38	--
FH/Uni Osnabrück 1999	35	35	30	30*	--
FH Oldenburg 1995	36	36	21	--	--
FH/Uni Oldenburg 1996	72	69	36	--	--
FH/Uni Oldenburg 1997	72	61	32	31	31
FH/Uni Oldenburg 1998	72	67	59	57	53
FH/Uni Oldenburg 1999	70	65	51	--	--
FH/Uni Oldenburg 2000	53	53	48	--	--
Summe	705	634	461	224 (254*)	140

*nur zu den Dimensionen Kenntnis und Zutrauen

3.1.3 Ergebnisse

Ebenso wie die Erwartungen selbst (siehe I 2.1) stellen die Zufriedenheit mit der Veranstaltung, gemessen an der Erfüllung der Erwartungen und an der Gesamtbewertung, eine wichtige Basis für die Beurteilung der nun zu untersuchenden Effektivität der Sommerhochschule dar. Die positive emotionale Erregung ist ein bedeutender Faktor bei der Steigerung der Selbstwirksamkeitserwartung. Nichtgefallen kann zu einem gewichtigen Störfaktor werden. Daher wird im ersten Schritt kurz Bezug genommen auf die Bewertungen zu den einzelnen Sommerhochschulveranstaltungen, die im Rahmen der einzelnen Evaluationen erhoben und ausgewertet wurden.

3.1.3.1 Überblick über die Ergebnisse zur Programmbewertung

Alle Sommerhochschulveranstaltungen 1995-1999 wurden von den Teilnehmerinnen nach den klassischen Schulnoten beurteilt. Die gewichtete Gesamtnote aller Veranstaltungen beträgt 2,0. Die Sommerhochschulen der FH Ostfriesland liegen etwas unter dem Durchschnitt, die der FH Oldenburg etwas über dem Durchschnitt (Kosuch & Buddrick, 2000).

Auf die Frage, was ihnen an der Sommerhochschule am besten gefallen hat, wurden übereinstimmend in allen Veranstaltungen die folgenden Bereiche am häufigsten genannt (Kosuch, 2000):

- die Vielseitigkeit der Information verbunden mit den Einblicken in viele unterschiedliche Studienbereiche,
- die Praxisanteile des Programms,
- die Gesprächsrunden mit Studentinnen und Fachfrauen.

Die Erwartungen der Teilnehmerinnen wurden größtenteils erfüllt (ebd.).

Demnach kann davon ausgegangen werden, dass die emotionale Erregung im positiven Bereich liegt. Die Frage, ob das simulierte, auf die Zielvorstellungen hin entworfene Programm nicht über die Studienrealität im Grundstudium hinwegtäusche und zu unrealistischen Einschätzungen führen könne, wurde in der Plenumsdiskussion bei der dritten Sommerhochschulveranstaltung 1997 in Oldenburg diskutiert. Das interessant gestaltete, auf Anwendungsbezug und Verständlichkeit angelegte Programm könne zur Selbstüberschätzung und zum frühen Studienabbruch führen (im Sinne der Selbstillusion, vgl. Schwarzer 1995). Eine Absolventin der Sommerhochschule des Vorjahres, die derweil Biologie an einer süddeutschen Universität studierte, betonte die positiven Auswirkungen des speziell entwickelten Programms. Durch die Erfahrungen der Sommerhochschule wisse sie nun, dass die Studieninhalte anschaulich, interessant und verständlich dargestellt werden könnten. Während viele Studienanfängerinnen um sie herum von Selbstzweifeln geplagt würden, stelle sie viel eher die Bedingungen und Abläufe im Grundstudium in Frage und verliere nicht den Mut. Die Sommerhochschule kann hier zu einer externen Attribuierung beitragen. Die leichte Überschätzung der Selbstwirksamkeitserwartung hat zudem positive Auswirkungen auf das Durchhaltevermögen in schwierigen Situationen (vgl. Schwarzer 1995).

Ein zusammenfassender Überblick über die Ergebnisse der Evaluation von neun Sommerhochschulveranstaltungen (Oldenburg, Osnabrück und Ostfriesland 1995-1999) und von zwei Verbleibsuntersuchungen (Oldenburg 1995-1997 und Osnabrück 1996-1998) befindet sich in Kosuch & Buddrick (2000) sowie in Kosuch (2000).

3.1.3.2 Erkundete Studienfächer versus Kontrollfächer

In diese zweiseitigen T-Tests für abhängige Stichproben gingen jeweils der Differenzwert aus den gemittelten Differenzen der erteilten Fächer im Prä-Post-Vergleich und der gemittelten Differenzen der Kontrollfächer ein. Die Ergebnisse zur Frage der signifikanten Veränderung der vier Ausprägungen bei den erkundeten Studienfächern gegenüber der Kontrollfächer werden in den Tabellen 26ab-28ab dargestellt.

Sommerhochschule Ostfriesland 1997

Bei dieser Sommerhochschulveranstaltung konnten die Teilnehmerinnen ein Erkundungsprogramm aus jeweils zwei Studienfächern belegen. Dazu gehörten Reedereilogistik, Wirtschaftsingenieurwesen, Biotechnologie, Umwelttechnik, Prozessautomatisierung, Lasertechnik, Konstruktionstechnik, Verfahrenstechnik, Produktionstechnik, Informatik und

Elektrotechnik. Die verbleibenden Fächer bildeten jeweils die Kontrollgruppe. Die Ergebnisse sind in Tabelle 26a dargelegt.

Tab. 26a: Mittelwert und Standardabweichung der Differenzen, T-Test (Ostfr. 1997[6], sechstufige Skala)

	Mittelwert		N	Standardabweichung		Signifikanz	
	Differenz aller erkundeten Fächer, je zwei aus	Differenz aller Kontrollfächer, je neun aus		aller erkundeten Fächer aus	aller Kontrollfächer aus	T-Wert	Signifikanzniveau
	Reedereilogistik, Wirtschaftsingenieurwesen, Biotechnologie, Umwelttechnik, Prozessautomatisierung, Lasertechnik, Konstruktionstechnik, Verfahrenstechnik, Produktionstechnik, Informatik, Elektrotechnik			Reedereilogistik, Wirtschaftsingenieurwesen, Biotechnologie, Umwelttechnik, Prozessautomatisierung, Lasertechnik, Konstruktionstechnik, Verfahrenstechnik, Produktionstechnik, Informatik, Elektrotechnik			
Kenntnis	1,866	0,210	56	1,676	1,189	9,588	**0,001****
Interesse	0,571	-0,138	56	2,200	1,582	-1,247	0,218
Zutrauen	0,375	-0,384	56	1,609	1,343	4,980	**0,000****
Wahl	0,464	-0,257	56	1,704	1,180	5,075	**0,000****

*signifikant
**hoch signifikant

Die Einschätzungen von „Kenntnis", „Zutrauen" und „Wahl" bezogen auf die erteilten Fächer haben gegenüber der Kontrollgruppe der nicht erteilten Fächer signifikant zugenommen.

Zur Illustration und zur Diskussion der Ergebnisse im T-Test sind in Tabelle 26b Mittelwerte und Standardabweichungen über alle Probandinnen zu den vier Ausprägungen dargestellt. Dazu wurden für jede Probandin jeweils ein Wert ermittelt, bezogen auf die erteilten und die nicht erteilten Studienfächer. Es handelt sich also um die gemittelte Mittelwerte und Standardabweichungen.

Tab. 26b: Gemittelte Mittelwerte und Standardabweichungen aller Probandinnen vor und nach der Sommerhochschule (Ostfr. 1997, N=56)

	Mittelwert				Standardabweichung			
	aller erkundeten Fächer		aller Kontrollfächer		aller erkundeten Fächer		aller Kontrollfächer	
	vorher	Nachher	vorher	nachher	vorher	nachher	vorher	nachher
Kenntnis	1,41	3,27	0,80	1,01	0,85	0,54	0,72	0,84
Interesse	3,17	3,18	1,72	1,26	1,26	1,08	1,31	1,10
Zutrauen	2,78	3,21	1,66	1,23	1,21	1,02	1,24	1,08
Wahl	2,11	2,61	1,01	0,73	1,30	1,33	1,08	0,83

Die Mittelwerte der Kontrollfächer haben in den Ausprägungen „Interesse", „Zutrauen" und „Wahl" durchweg abgenommen. Eingangs ist das Interesse an den erkundeten Studienfächern am höchsten, die Kenntnis am geringsten. Der Zuwachs an Kenntnis ist am höchsten.

Sommerhochschule Oldenburg 1997

In dieser Veranstaltung wurden den Teilnehmerinnen zwei alternative Studienprogramme angeboten. Studienprogramm A setzte sich zusammen aus Mathematik, Seefahrtsstudiengänge, Chemie, Vermessungswesen/Geoinformationswesen sowie Biologie. Die Studienfächer des Studienprogramms B waren (Europäisches) Baumanagement, Bauingenieurwesen, Informatik, Architektur und Physik.

Die Kontrollfächer kamen überhaupt nicht im Programm vor. Es handelte sich um Elektrotechnik und Maschinenbau (Tabelle 27a).

Tab. 27a: Mittelwert und Standardabweichung der Differenzen, T-Test (Ol. 1997[5], fünfstufige Skala)

	Mittelwert		N	Standardabweichung		Signifikanz	
	Differenz aller erkundeten Fächer	Differenz aller Kontrollfächer		aller erkundeten Fächer	aller Kontrollfächer	t-Wert	Signifikanzniveau
	Physik, Seefahrt, Chemie, Vermessungswesen, Biologie oder ECEM, Mathe, Bauingenieurwesen, Informatik, Architektur	Elektrotechnik, Maschinenbau		Physik, Seefahrt, Chemie, Vermessungswesen, Biologie oder ECEM, Mathe, Bauingenieurwesen, Informatik, Architektur	Elektrotechnik, Maschinenbau		
Kenntnis	1,348	-0,016	30	1,272	0,680	8,297	**0,000****
Interesse	-0,212	-0,209	30	1,266	0,683	-0,026	0,979
Zutrauen	0,2	-0,177	30	1,191	0,612	2,203	**0,035***
Wahl	-0,083	-0,064	30	1,258	0,432	-0,158	0,975

*signifikant
**hoch signifikant

Die Einschätzungen von Kenntnis und Zutrauen bezogen auf die erteilten Fächer haben gegenüber der Kontrollgruppe der nicht erteilten Fächer signifikant zugenommen.

Die Mittelwerte der Kontrollfächer haben in den Ausprägungen „Interesse", „Zutrauen" und „Wahl" ebenfalls durchweg abgenommen (Tabelle 27b). Eingangs ist das Interesse an den erkundeten Studienfächern am höchsten, die Kenntnis am geringsten. Der Zuwachs an Kenntnis ist auch hier am höchsten.

Tab. 27b: Gemittelte Mittelwerte und Standardabweichungen aller Probandinnen vor und nach der Sommerhochschule (Ol. 1997, N=31)

	Mittelwert				Standardabweichung			
	Aller erkundeten Fächer		aller Kontrollfächer		aller erkundeten Fächer		aller Kontrollfächer	
	vorher	nachher	vorher	nachher	Vorher	nachher	vorher	nachher
Kenntnis	1,25	2,60	0,27	0,25	1,12	0,75	0,11	0,13
Interesse	2,03	1,82	0,38	0,17	1,61	1,45	0,13	0,06
Zutrauen	1,51	1,71	0,38	0,20	1,26	1,22	0,13	0,06
Wahl	1,52	1,43	0,12	0,06	1,61	1,36	0,13	0

Sommerhochschule Oldenburg 1998

Bei Studienprogramm A handelte es sich bei dieser Veranstaltung um ein Programm in Physik, Seefahrt, Chemie, Vermessungswesen, Biologie, in Studienprogramm B um (Europäisches) Baumanagement, Mathematik, Bauingenieurwesen, Informatik, Architektur. Die Kontrollfächer waren wiederum Elektrotechnik und Maschinenbau.

Tab. 28a: Mittelwert und Standardabweichung der Differenzen, T-Test (Ol. 1998[6], sechsstufige Skala)

	Mittelwert		N	Standardabweichung		Signifikanz	
	Differenz aller erteilten Fächer	Differenz aller nicht erteilten Fächer		aller erteilten Fächer	aller nicht erteilten Fächer	T-Wert	Signifikanzniveau
	Physik, Seefahrt, Chemie, Vermessungswesen, Biologie oder ECEM, Mathe, Bauingenieurwesen, Informatik, Architektur	Elektrotechnik, Maschinenbau		Physik, Seefahrt, Chemie, Vermessungswesen, Biologie oder ECEM, Mathe, Bauingenieurwesen, Informatik, Architektur	Elektrotechnik, Maschinenbau		
Kenntnis	1,538	-0,278	53	1,590	0,922	10,537	*0,000***
Interesse	-0,154	-0,452	53	1,431	1,142	1,978	0,053
Zutrauen	0,158	-0,311	53	1,467	1,154	2,117	*0,039**
Wahl	0,338	-0,115	53	1,500	0,610	-3,484	*0,001***

*signifikant
**hoch signifikant

Die Einschätzungen von „Kenntnis", „Zutrauen" und „Wahl" bezogen auf die erteilten Fächer haben gegenüber der Kontrollgruppe der nicht erteilten Fächer signifikant zugenommen (Tabelle 28a).

Tab. 28b: Gemittelte Mittelwerte und Standardabweichungen aller Probandinnen vor und nach der Sommerhochschule (Ol. 1998)

	Mittelwert				Standardabweichung			
	aller erteilten Fächer		aller nicht erteilten Fächer		aller erteilten Fächer		aller nicht erteilten Fächer	
	Vorher	nachher	vorher	nachher	Vorher	nachher	vorher	nachher
Kenntnis	1,93	3,47	1,00	0,72	1,33	0,72	0,27	0,20
Interesse	2,90	2,75	1,54	1,08	1,53	1,46	0,27	0,19
Zutrauen	2,52	2,68	1,46	1,14	1,37	1,31	0,22	0,15
Wahl	1,78	2,12	0,83	0,71	1,53	1,61	0,14	0,14

Die Mittelwerte der Kontrollfächer haben in den Ausprägungen „Interesse", „Zutrauen" und „Wahl" ebenfalls durchweg abgenommen (Tabelle 28b). Eingangs ist das Interesse an den erkundeten Studienfächern am höchsten, die Kenntnis am geringsten. Der Zuwachs an Kenntnis am höchsten.

Abbildung 12 zeigt die einzeln ausgewerteten Sommerhochschulveranstaltungen als Replikationsstudien.

Abb. 12: Überblick über die Signifikanzen die drei Replikationsstudien

	FH Ostfriesland 1997	FH Oldenburg 1997	FH Oldenburg 1998
Kenntnis	*hoch sign.*	*hoch sign.*	*hoch sign.*
Interesse	*nicht sign.*	*nicht sign.*	*nicht sign.*
Zutrauen	*hoch sign.*	*sign.*	*sign.*
Wahl	*hoch sign.*	*nicht sign.*	*hoch sign.*

Die Kenntnis über die erkundeten Studienfächer nimmt in allen drei Veranstaltungen hoch signifikant zu. Auch das Zutrauen, die vorgestellten Studienfächer studieren zu können, steigt signifikant gegenüber den nicht erkundeten Fächern an (1x hoch signifikant, 2x signifikant). Die Intention, die erkundeten Studiengänge tatsächlich zu studieren, steigt ebenfalls - in zwei von drei Veranstaltungen - hoch signifikant. In der Wiederholung der Testung der Hypothese zur Effektivität bezogen auf die erkundeten gegenüber der nicht erkundeten Fächer zeigt sich, dass das Interesse in keinem Fall signifikant zunimmt.

Diskussion

Der Schwerpunkt der Wirksamkeit der Sommerhochschule liegt in der Steigerung von Kenntnis, Selbstwirksamkeit und Zutrauen. Das Interesse an naturwissenschaftlich-technischen Studiengängen wird nach der Intervention auf hohem Niveau gehalten. Wie die Eingangsdaten zeigen, ist das Interesse im Vergleich zu den anderen drei Ausprägung am höchsten – Interesse ist also der Ausgangspunkt und somit Teil der Motivation für die Teilnahme.

In den Ankündigungen und Beschreibungen der Zielsetzungen der Veranstalterinnen wird jedoch das Interesse in den Fokus gesetzt. Zu der Intention der Sommerhochschule hieß es zum Abschluss des Modellvorhaben „Motivation von Frauen und Mädchen für ein Ingenieurstudium":

„Die Sommerhochschule ist eine Veranstaltung für Oberstufenschülerinnen mit dem Ziel, *das Interesse* junger Frauen für ein Ingenieurstudium zu wecken und zu stärken, indem *die Vielfältigkeit* von Studium und Beruf im Ingenieurbereich *dargestellt* und Zugangshürden abgebaut werden. Damit soll ein Beitrag zur Studien- und Berufsorientierung junger Frauen am Übergang Schule – Hochschule geleistet werden." (Kosuch, 2000a, S. 187; Hervorhebungen durch R. K.)

Der Schwerpunkt lag demnach auf dem Ziel, primär über Information Interesse zu erhöhen. Ähnlich wurde auch im Zusammenhang mit der „Bundesweiten Sommeruniversität für Frauen" in Naturwissenschaft und Technik 1994 in Duisburg formuliert:

„Die Sommeruniversität ist von 1994 an eine ständige Einrichtung und hat zum Ziel, junge Frauen für das naturwissenschaftliche und technische Studium zu *interessieren* und sie für ein solches zu motivieren", so in einem Grußwort der Veranstalterin der ersten Sommerhochschule in Deutschland in Duisburg (Kucklich, 1996, S. 83; Hervorhebung durch R.K.)

[Sie wurde] „als gezielte Studienwahlorientierung konzipiert, um *mit Informationen und Einblicken* in die entsprechenden Fächer *Neugierde zu wecken*, Barrieren abzubauen, und damit mehr Frauen für diesen Bereich zu *interessieren* und zu motivieren, ein entsprechendes Studium aufzunehmen [...]" (Tobias 1996, S. 29; Hervorhebungen durch R.K.)

Die Intervention nimmt hingegen Einfluss auf die Berufsorientierung bereits interessierter Schülerinnen. Das Interesse differenziert sich aus (siehe 3.1.1 c.), steigt aber nicht insgesamt. Das ist auch nicht notwendig, wenn das übergeordnete Ziel verfolgt wird, mehr junge Frauen für das Studium naturwissenschaftlich-technischer Studiengänge zu gewinnen.

Die Sommerhochschule informiert wirksam - dieses Ergebnis aus der Evaluation wird bestätigt. Doch die Sommerhochschule steigert auch die ingenieurstudiumsbezogene Selbstwirksamkeitserwartung („Zutrauen") und die Studienwahlintention („Wahl") hinsichtlich der erkundeten Studienfächer, letzteres jedoch nicht durchgängig.

Wie sich die Effektivität der Sommerhochschule darstellt, wenn das Kriterium lautet, dass die Intervention für jede Teilnehmerin hinsichtlich mindestens (und ggf. zugleich höchstens) eines Studienfaches wirksam ist, wird im nächsten Abschnitt nachgegangen.

3.1.3.3 Potentielle Entscheidung für nur ein Studienfach

Die Sommerhochschule gilt dann als effektiv, wenn die Selbsteinschätzung in der Gruppe der Probandinnen bezogen auf jeweils ein Studienfach signifikant zugenommen hat. Da bereits gezeigt werden konnte, dass die Sommerhochschule durchgängig die Kenntnis steigert und das Interesse die Motivation für die Teilnahme ist, durch die Veranstaltung aber nicht gesteigert wird, geht es hier nun um das Zutrauen und die potentielle Wahl eines Studienfaches. In Tabelle 29 ist die Anwendung des Kriteriums am Beispiel „Wahl" aufgeführt.

Tab. 29: Daten für den T-Test bei „Wahl"

Operationalisierung	Anzahl der Fälle				
	Ostfr. 1997[6]	Ostfr. 1998[6]	Osn. 1998[5]	Old. 1997[5]	Old. 1998[6]
Für jede Probandin wird zunächst der höchste Wert in der Kategorie „Wahl" in den „Post"-Daten herausgesucht. Dem höchsten „Post" Wert wird der entsprechende „Prae"-Wert gegenübergestellt.	31	18	15	17	29
Sollten zwei gleich hohe „Post"-Werte vorliegen,...	12	12	18	12	19
... so wird das Fach mit der höchsten Veränderung gegenüber dem „Prae"-Wert ausgewählt. Indem hier der höchste absolute Zuwachs als Kriterium gewählt wurde, ist sichergestellt, dass nicht nur die Zunahme, sondern ggf. auch die **Abnahme** eines Wertes in den T-Test eingeht. Anzahl der Fälle mit Abnahme:	2 (Biol., Konstruktionstech.)	3 (Chemie, Produktionstech.)	2 (Biol.)	2 (Vermess., Bauing.)	3 (Physik, Seefahrt)
Gesamt	43	30	33	29	48

In den Tabellen 30a-e werden die Ergebnisse dargestellt.

Tab. 30a: Ostfriesland 1997[6]: T-Test „Studienfach höchste Bewertung nachher", Wahl und Zutrauen

	N	Mittelwert	Standardabweichung	T-Wert	sign.
Zutrauen vorher	53	2,96	1,6404	4,779	*,004*
Zutrauen nachher	53	4,00	1,1929		
Wahl vorher	52	2,40	2,1352	1,819	,077
Wahl nachher	52	3,33	1,8011		

Die Einschätzung des eigenen Zutrauens hat bei jeweils mindestens einem der vorgestellten Studienfächer über alle 53 Teilnehmerinnen signifikant zugenommen (Tabelle 30a). Bezogen auf die Wahlintention hat die Intervention keine signifikante Steigerung in mindestens einem Studienfach gebracht.

Die Steigerung könnte natürlich auch auf einem relativ geringen Niveau auf einer Skala von „gar nicht" bis „ganz stark" signifikant zunehmen. Daher wurde im nächsten Forschungsschritt analysiert, wie viele der Teilnehmerinnen nach der Veranstaltung bei einer sechsstufigen Skala die beiden höchsten Werte, bei einer fünfstufigen den höchsten Wert angegeben haben.

In diesem Fall waren es 38 von 53 Teilnehmerinnen, die nach der Veranstaltung bei mindestens einem Fach für ihr Zutrauen die beiden höchsten Werte „4" oder „5" angegeben haben (15 Mal „4", 23 Mal „5"). Das sind 71,7%. Was die Wahlintention angeht, so haben nur 29 von 52 nach der Veranstaltung bei mindestens einem Fach die beiden höchsten Werte angegeben (10 Mal „4", 19 Mal „5"). Das sind 55,8%.

Tab. 30b: Ostfriesland 1998[6]: T-Test „Studienfach höchste Bewertung nachher", Wahl und Zutrauen

	N	Mittelwert	Standardabweichung	T-Wert	sign.
Zutrauen vorher	36	2,83	1,6125	3,090	,001
Zutrauen nachher	36	3,83	1,3202		
Wahl vorher	36	2,56	1,9632	1,819	,000
Wahl nachher	36	3,25	1,7788		

Die Einschätzung des eigenen Zutrauens und der Wahlintention hat bei mindestens einem der vorgestellten Studienfächer über alle 36 Teilnehmerinnen hoch signifikant zugenommen (Tabelle 30b). 72,5%, das heißt 23 von 36 Teilnehmerinnen haben nach der Veranstaltung in mindestens einem Fach bei „Zutrauen" den Wert „4" oder „5" angegeben (10 Mal „4" und 13 Mal „5"). Bei der Einschätzung der Wahlintention haben 49,2% nach der Veranstaltung bei mindestens einem Fach die beiden höchsten Werte angegeben (4 Mal „4" und 13 Mal „5").

Tab. 30c: Osnabrück 1998[5]: T-Test „Studienfach höchste Bewertung nachher", Wahl und Zutrauen

	N	Mittelwert	Standardabweichung	T-Wert	sign.
Zutrauen vorher	37	1,68	1,4917	5,888	,000
Zutrauen nachher	37	3,22	0,8542		
Wahl vorher	33	1,21	1,4739	5,805	,000
Wahl nachher	33	3,15	0,9056		

Auch bei dieser Sommerhochschulveranstaltung hat die Einschätzung des eigenen Zutrauens und der Wahlintention bei mindestens einem der vorgestellten Studienfächer über alle 37 Teilnehmerinnen hoch signifikant zugenommen (Tabelle 30c). 12 von 37 haben nach der Veranstaltung in mindestens einem Fach bei „Zutrauen" den Wert 4 angegeben. Das sind 33,8%. Hinsichtlich der Wahlintention waren es 13 von 33, das sind 39,4%.

Tab. 30d: Oldenburg 1997[5]: T-Test „Studienfach höchste Bewertung nachher", Wahl und Zutrauen

	N	Mittelwert	Standardabweichung	T-Wert	sign.
Zutrauen vorher	28	2,54	1,2745	3,849	,001
Zutrauen nachher	28	3,43	0,7860		
Wahl vorher	28	3,07	1,2317	1,513	,142
Wahl nachher	28	3,39	0,6341		

Bei der Sommerhochschule Oldenburg 1997 hat die Einschätzung des eigenen Zutrauens bei mindestens einem der vorgestellten Studienfächer über alle 28 Teilnehmerinnen hoch signifikant zugenommen (Tabelle 30d). Die Wahlintention hat sich nicht signifikant verändert. Bezogen auf die Dimension „Zutrauen" haben 14 von 28 nach der Veranstaltung bei mindestens einem Fach den Wert 4, das sind 50%. Bei der Wahlintention haben 15 von 28 nach der Veranstaltung bei mindestens einem Fach den Wert 4, das sind 53,6%.

Tab. 30e: Oldenburg 1998[6]: T-Test „Studienfach höchste Bewertung nachher", Wahl und Zutrauen

	N	Mittelwert	Standardabweichung	T-Wert	sign.
Zutrauen vorher	48	3,60	1,1059	3,894	,000
Zutrauen nachher	48	4,29	0,6510		
Wahl vorher	46	3,24	1,7787	4,343	,000
Wahl nachher	46	4,33	0,8706		

Bei der Sommerhochschule Oldenburg 1998 hat die Einschätzung des eigenen Zutrauens und der Wahlintention bei mindestens einem der vorgestellten Studienfächer über alle 37 Teilnehmerinnen hoch signifikant zugenommen (Tabelle 30e).

Was das Zutrauen angeht, so haben 43 von 48 nach der Veranstaltung bei mindestens einem Fach den Wert 4 oder 5 angegeben (24 Mal „4", 19 Mal „5"), das sind 89,6%. Bei der Wahlintention haben 44 von 46 nach der Veranstaltung bei mindestens einem Fach den Wert 4 oder 5 angegeben (15 Mal „4", 29 Mal „5"), das sind 95,7%.

Um eine Vergleichsebene herzustellen, wurden die Mittelwerte in z-Werte überführt (Tabelle 31).

Tab. 31: z-Werte der Mittelwerte, Signifikanzen

	Ostfr. 1997[6]	Ostfr. 1998[6]	Osn. 1998[5]	Old. 1997[5]	Old. 1998[6]
Zutrauen vorher	0,49	0,47	0,34	0,51	0,60
Zutrauen nachher	0,67	0,64	0,64	0,69	0,72
Differenz	**0,18**	**0,17**	**0,31**	**0,18**	**0,12**
Wahl vorher	0,40	0,43	0,24	0,61	0,54
Wahl nachher	0,56	0,54	0,63	0,68	0,72
Differenz	**0,16**	**0,11**	**0,39**	**0,07**	**0,18**

◻ nicht signifikant

In allen fünf Veranstaltungen hat das Zutrauen - pro Teilnehmerin in einem Fach - signifikant zugenommen. Bei der Wahlintention ist das Ergebnis bezogen auf drei von fünf Veranstaltungen signifikant. In diesem Zusammenhang fällt auf, dass die Sommerhochschule in Oldenburg 1997 hier den höchsten Eingangswert aufweist.

Die Sommerhochschule Osnabrück 1998 hat die geringsten Eingangswerte und zugleich den höchsten Zuwachs zu verzeichnen. Die vergleichsweise geringe Einschätzungen vor der Veranstaltung hängt vermutlich mit der geringen Wahlfreiheit im Programm zusammen. Es ist aber auch ein klarer Hinweis auf die Stärke des Programms, wenn eingangs auffällig gering eingeschätzte Studiengänge (die in einem Programm mit mehr Wahlfreiheit ggf. gar nicht erkundet worden wären) nun mit der höchsten Einschätzung belegt werden. Die Sommerhochschule in Osnabrück war im Vorfeld aufgrund der hohen Betreuungsintensität und des hohen Praxisanteils theoriegeleitet als besonders effektiv eingeschätzt worden (3.3). Diese Einschätzung wird an dieser Stelle durch den mit Abstand höchsten Zuwachs bei „Zutrauen" und „Wahl" bestätigt.

In Tabelle 32a und b werden die Häufigkeiten der Vergabe der Skalenhöchstwerte im Überblick dargestellt. Bei der Bewertung ist zu berücksichtigen, dass das Kriterium „der höchste Wert 4" auf einer fünfstufigen Skala schärfer ist, als „die höchsten Werte 4 und 5" auf einer sechsstufigen Skala.

Tab. 32a: Anteil der Teilnehmerinnen, deren höchster vergebener Wert „4" oder „5" ist (sechsstufige Skala)

Veranstaltung	Zutrauen	Prozent	Wahl	Prozent
Ostfriesland 1997[6] (N= 53)	38	71,7	29	55,8
Ostfriesland 1998[6] (N= 36)	23	72,5	17	49,2
Oldenburg 1998[6] (N= 48)	43	89,6	44	95,7

Tab. 32b: Anteil der Teilnehmerinnen, deren höchster vergebener Wert „4" ist (fünfstufige Skala)

Osnabrück 1998[5] (N= 37)	12	33, 8	13	39,4
Oldenburg 1997[5](N= 28)	14	50,0	15	53,6

Die Spannweite liegt je nach Veranstaltung zwischen der Hälfte und fast 100% (a), bzw. einem Drittel und der Hälfte der Teilnehmerinnen (b), die sich mindestens ein Studienfach nach der Veranstaltung ganz stark zutrauen und ganz stark in die engere Wahl ziehen. Für alle Teilnehmerinnen ließ sich nach dem in Abbildung 11 (I 3.1.1., d) dargelegten Kriterium ein Studienfach auswählen, das nach der Veranstaltung den höchsten Wert in der Kategorie „Wahl" aufzeigte. Wie sieht es nun in genau diesen Studienfächern mit der Steigerung des Interesses und des Zutrauens aus? Angesichts der vorliegenden Ergebnisse ist davon auszugehen, dass das Interesse nicht signifikant ansteigt, sondern sich auf hohem Niveau hält, das Zutrauen wird aber vermutlich angesichts des angenommenen engen Zusammenhangs zwischen Zutrauen und Wahl in vergleichbarer Weise zunehmen (Tabelle 33a-f).

An dem jeweiligen Studienfach, für das die Wahlintention nach der Intervention am stärksten ist, hat bei der Sommerhochschule in Ostfriesland 1997 das Interesse nicht zugenommen, das Zutrauen, dieses jeweilige Fach zu studieren steigt jedoch hoch signifikant (Tabelle 33a).

Tab. 33a: Ostfriesland 1997[6]: T-Test „Studienfach höchste Bewertung nachher bei ‚Wahl'": Interesse und Zutrauen

	N	Mittelwert	Standardabweichung	T-Wert	sign.
Interesse vorher	43	3,53	1,6235	1,194	,239
Interesse nachher	43	3,81	1,2772		
Zutrauen vorher	52	2,87	1,6057	5,067	*,000*
Zutrauen nachher	52	3,96	1,2242		

Auch bei der Sommerhochschule in Ostfriesland 1998 verändert sich das Interesse an dem jeweils am stärksten favorisierten Studienfach nicht (Tabelle 33b).

Tab. 33b: Ostfriesland 1998[6]: T-Test „Studienfach höchste Bewertung nachher bei ‚Wahl'": Interesse und Zutrauen

	N	Mittelwert	Standardabweichung	T-Wert	sign.
Interesse vorher	35	3,63	1,2853	0,421	,676
Interesse nachher	35	3,74	1,5967		
Zutrauen vorher	36	2,97	1,5944	-2,009	,052
Zutrauen nachher	36	3,58	1,4417		

Der T-Wert für „Zutrauen" fiel so knapp „nicht signifikant" aus, dass ein gewichteter T-Test durchgeführt wurde, denn ein solches Ergebnis kann durch eine zu geringe Stichprobe zustande gekommen sein. Die Stichprobengröße wurde verdoppelt; jede Aussage wird also zweifach gewichtet.

Tab. 33c: Ostfriesland 1998[6]: T-Test „Studienfach höchste Bewertung nachher bei ‚Wahl'": Interesse und Zutrauen, gewichteter T-Test

:	N	Mittelwert	Standardabweichung	T-Wert	sign.
Zutrauen vorher	*36 x 2*	2,97	1,5831	-2,009	*,006*
Zutrauen nachher	*36 x 2*	3,58	1,4315		

Wie in Tabelle 32c dargelegt, ist die Zunahme des Zutrauens an den favorisierten Studiengängen im gewichteten T-Test hoch signifikant.

Tab. 33d: Osnabrück 1998[5]: T-Test „Studienfach höchste Bewertung nachher bei ‚Wahl'": Interesse und Zutrauen

	N	Mittelwert	Standardabweichung	T-Wert	sign.
Interesse vorher	33	2,06	1,4129	4,540	*,000*
Interesse nachher	33	3,36	0,6990		
Zutrauen vorher	35	1,71	1,3410	6,576	*,000*
Zutrauen nachher	35	3,20	0,6774		

Das Interesse an und das Zutrauen zu dem jeweiligen Studienfach, das für das Studium am ehesten in Frage kommt, ist bei der Sommerhochschule in Osnabrück hoch signifikant gestiegen (Tabelle 33d).

Tab. 33e: Oldenburg 1997[5]: T-Test „Studienfach höchste Bewertung nachher bei ‚Wahl'": Interesse und Zutrauen

	N	Mittelwert	Standardabweichung	T-Wert	sign.
Interesse vorher	29	3,52	0,8710	-0,372	,712
Interesse nachher	29	3,45	0,9482		
Zutrauen vorher	29	3,69	1,0913	0,574	,571
Zutrauen nachher	29	3,07	1,0667		

Bezogen auf die favorisierten Studiengängen haben sich Interesse und Zutrauen bei der Sommerhochschule 1997 in Oldenburg nicht signifikant verändert (Tabelle 33e).

Tab. 33f: Oldenburg 1998[6]: T-Test „Studienfach höchste Bewertung nachher bei ‚Wahl'": Interesse und Zutrauen

	N	Mittelwert	Standardabweichung	T-Wert	sign.
Interesse vorher	48	4,02	1,2820	0,538	,593
Interesse nachher	48	4,13	1,2115		
Zutrauen vorher	48	3,67	1,0785	-3,142	*,003*
Zutrauen nachher	48	4,19	0,7898		

Auch bei der Sommerhochschule in Oldenburg 1998 verändert sich das Interesse an dem jeweils am stärksten favorisierten Studienfach nicht, das Zutrauen dazu, dieses Fach zu studieren hat jedoch hoch signifikant zugenommen (Tabelle 33f).

In Tabelle 34 werden die Ergebnisse zu den Signifikanztests auf der Basis der nach der Sommerhochschule jeweils favorisierten Studienfächer im Überblick dargestellt.

Tab. 34: Überblick über die Ergebnisse der Signifikanztests auf Basis der Studienfächer, die in den T-Test zu „Wahl" eingegangen sind

	Ostfr. 1997[6]	Ostfr. 1998[6]	Osn. 1998[5]	Old. 1997[5]	Old. 1998[6]
Wahl	,077	*,000*	*,000*	,142	*,000*
Interesse	,239	,676	*,000*	,712	,593
Zutrauen	*,000*	*,052**	*,000*	,571	*,003*

*hoch signifikant im gewichteten T-Test

Bei den Sommerhochschulveranstaltungen bei denen die Wahlintention bei mindestens einem Fach signifikant zugenommen hat, nimmt bezogen auf dieses favorisierte Fach in allen Fällen auch das Zutrauen, dieses Fach zu studieren signifikant zu. Das Interesse an diesen favorisierten Studiengängen nimmt in zwei von drei Fällen nicht zu. Dies bestätigt, dass durch die Intervention „Sommerhochschule" das Interesse auf einem vergleichsweise hohem Niveau verbleibt und nicht wesentlich ansteigt – ein hohes Maß an Interesse bereits als Motivation zur Teilnahme vorliegt. Nur bei der Veranstaltung in Osnabrück 1998 nimmt auch das Interesse an den favorisierten Studiengängen hoch signifikant zu, ein Ergebnis, das weiter unten diskutiert wird.

Abschließend werden alle Studienfächer aus den verschiedenen Sommerhochschulprogrammen aufgeführt, die nach der Veranstaltung mit dem jeweils höchsten Wert auf der Ratingskala bewertet wurden (mehrere Fächer pro Teilnehmerin möglich. Tabelle 35a und b).

Tab. 35a: Studienfächer mit dem höchsten Wert „nachher" bei „Wahl"

Ostfr. 1997[6]		Ostfr. 1998[6]		Osn. 1998[5]		Old. 1997[5]		Old. 1998[6]	
Biotechnologie.	14	Biotechnologie	9	Biologie	8	Architektur	9	Architektur	11
Reedereilogistik	7	Reedereilogistik	5	Systemtechnik	6	ECEM	6	Mathematik	9
Informatik	5	Wirtschaftsing.	5	Cognitiv Science	5	Vermessungswesen/Geoinf.	4	Biologie	7
Elektrotechnik	4	Produktionstechnik	4	Verfahrenstechnik	5	Bauing	4	Physik	5
Konstruktionstechnik	4	Chemietechnik	3	Mathematik	3	Physik	3	ECEM	4
Wirtschaftsingenieurwesen	2	Prozessautomatisierung	2	Produktionstechnik	2	Biologie	2	Bauing	3
Produktionstechnik	2	Elektrotechnik	1	Maschinenbau	2	Seefahrt	1	Chemie	3
Prozessautomatisierung	2	Lasertechnik	1	Informatik	2			Seefahrt	2
Umwelttechnik	1							Informatik	2
								Vermessungswesen/Geoinf.	1
	43		30		33		29		47

Tab. 35b: Studienfächer mit dem höchsten Wert „nachher" bei „Zutrauen"

Ostfr. 1997[6]		Ostfr. 1998[6]		Osn. 1998[5]		Old. 1997[5]		Old. 1998[6]	
Biotechnologie.	15	Biotechnologie	10	Biologie	9	Architektur	10	Architektur	11
Seefahrt	7	Wirtschaftsing.	8	Systemtechnik	7	ECEM	7	Mathematik	6
Informatik	5	Produktionstechnik	7	Cognitiv Science	4	Vermessungswesen	4	Biologie	6
Konstruktionstechnik	4	Seefahrt	5	Verfahrenstechnik	4	Bauing	4	Physik	6
Elektrotechnik	3	Chemietechnik	3	Mathematik	3	Biologie	2	ECEM	4
Wirtschaftsing.	2	Prozesst.	1	Produktionstechnik	2	Seefahrt	1	Seefahrt	4
Produktionstechnik	2	Elektrotechnik	1	Maschinenbau	2	Physik	1	Chemie	4
Prozesstechn.	2	Lasertechnik	1	Informatik	2			Bauing	3
Umwelttechnik	1							Informatik	2
								Vermessungswesen	1
								Maschinenbau	1
	43		36		33		29		48

Diskussion

Die Sommerhochschule ist effektiv, denn die Selbsteinschätzung in der Gruppe der Teilnehmerinnen hat bezogen auf jeweils ein Studienfach hinsichtlich Selbstwirksamkeit („Zutrauen") und Wahlintention („Wahl") signifikant zugenommen. Die Intervention steigert vor allem die Selbstwirksamkeit in überzeugendem Ausmaß in mindestens einem Fach. Hier ließ sich das Ergebnis in allen fünf Fällen replizieren, bei der Wahlintention nur in drei von fünf Fällen. Hinsichtlich der Wahlintention ist das Programm also nicht ganz so effektiv.

Auch der Stellenwert des Interesses als Eingangsmotivation wird in diesem Forschungsschritt bestätigt. Bei dem Studiengang, den die jeweilige Teilnehmerin nach der Veranstaltung am stärksten in die engere Wahl gezogen hat und bei dem zugleich die größte Einschätzungsveränderung vorliegt, ist auch das Zutrauen vergleichbar angestiegen, nicht jedoch das Interesse, das bereits vorher vorhanden war.

Ein davon abweichendes Ergebnis weist die Sommerhochschule in Osnabrück 1998 auf. Dort nimmt auch das Interesse an den favorisierten Studiengängen hoch signifikant zu. Dies lässt vermuten, dass ein bezüglich der Steigerung der Selbstwirksamkeitserwartung besonders effektiv angelegtes Programm (vgl. 3.3), das zugleich keine Wahlfreiheit aufweist (resp. geringes Eingangsinteresse vorliegt, siehe geringster Eingangswert bei „Interesse") das Studienwahlspektrum deutlich erweitert. Studiengänge, für die sich Teilnehmerinnen vor der Intervention nicht schon interessiert haben, werden nach der Intervention am stärksten in die engere Wahl gezogen. Zugleich nimmt das Interesse daran und das Zutrauen, diese zu studieren ebenfalls zu.

Welche Zusammenhänge zwischen der Kenntnis, dem Interesse, der Selbstwirksamkeit und der Wahlintention vorliegen, wird im nächsten Forschungsschritt geklärt.

3.1.3.4 Zusammenhänge zwischen „Kenntnis", „Interesse", „Zutrauen" und „Wahl"

Diese Studie liefert einen Beitrag zur Aufklärung des inneren Zusammenhangs zwischen Selbstwirksamkeit, Interesse, Studienwahlintention und Kenntnis und zwar bezogen auf den Kontext der Studienorientierungsveranstaltung „Sommerhochschule", die insbesondere junge Frauen anspricht, die bereits Interesse an naturwissenschaftlich-technischen Studiengängen haben und zugleich geringe Kenntnisse mitbringen (siehe Tabelle 20a und b, I 2.3.3).

Methode der Rangbildung

Zu allen fünf Sommerhochschulen, bei denen das aufgrund der Datenlage möglich war, wurde eine bivariate Korrelation (Pearson) zum Ausmaß der Veränderung von „Kenntnis", „Interesse", „Zutrauen" und „Wahl" errechnet (Tabelle 34a-e). Die Ergebnisse wurden in zweierlei Weise in einen Rangvergleich zueinander gebracht. Zunächst wurde eine Rangfolge nach der Stärke des positiven Zusammenhangs gebildet und zwar nach der Häufigkeit der signifikanten positiven gegenüber der negativen Korrelationen (Tabelle 35). Bei Ranggleichheit wurde als weiteres Kriterium die Anzahl der hoch signifikanten Korrelationen hinzugezogen. Weiterhin wurden die Ausprägungspaare in eine Rangfolge nach der Stärke des Zusammenhangs überhaupt gebildet (Tabelle 36). Das Kriterium war die Anzahl der signifikanten Korrelationen. Bei Ranggleichheit wurde die Anzahl der hoch signifikanten Korrelationen mit herangezogen.

Ergebnisse

Wie die Tabellen 36a-d zeigen, ergibt sich ein unterschiedliches Bild. Der Zusammenhang zwischen „Zutrauen" und „Wahl" ist am häufigsten, nämlich in vier von fünf Fällen signifikant.

Tab. 36a: Ostfriesland 1997, Bivariate Korrelation (Pearson) über das Ausmaß der Veränderung von Kenntnis, Interesse, Zutrauen und Wahl (N= 56)

	Kenntnis	Interesse	Zutrauen
Interesse	,045		
Zutrauen	*,294*	,024	
Wahl	,112	-,111	*,373**

* signifikant (0.05, zweiseitig)
** hoch signifikant (0.01, zweiseitig)

Tab. 36b: Ostfriesland 1998, Bivariate Korrelation (Pearson) über das Ausmaß der Veränderung von Kenntnis, Interesse, Zutrauen und Wahl (N=26-27)

	Kenntnis	Interesse	Zutrauen
Interesse	*-,533**		
Zutrauen	*-,505**	*,537**	
Wahl	-,120	,038	,164

** hoch signifikant (0.01, zweiseitig)

Tab. 36c: Oldenburg 1997, Bivariate Korrelation (Pearson) über das Ausmaß der Veränderung von Kenntnis, Interesse, Zutrauen und Wahl (N=24-28)

	Kenntnis	Interesse	Zutrauen
Interesse	-,047		
Zutrauen	-,138	*,603**	
Wahl	-,080	*,744**	*,709**

** hoch signifikant (0.01, zweiseitig)

Tab. 36d: Oldenburg 1998, Bivariate Korrelation (Pearson) über das Ausmaß der Veränderung von Kenntnis, Interesse, Zutrauen und Wahl (N=39-43)

	Kenntnis	Interesse	Zutrauen
Interesse	-,024		
Zutrauen	*,402*	-,047	
Wahl	-,081	-,197	*,437**

* signifikant (0.05, zweiseitig)
** hoch signifikant (0.01, zweiseitig)

Tab. 36e: Osnabrück 1998, Bivariate Korrelation (Pearson) über das Ausmaß der Veränderung von Kenntnis, Interesse, Zutrauen und Wahl (N=37-38)

	Kenntnis	Interesse	Zutrauen
Interesse	,221		
Zutrauen	*,439**	*,591**	
Wahl	*,365*	*,424**	*,545**

* signifikant (0.05, zweiseitig)
** hoch signifikant (0.01, zweiseitig)

Bei der Sommerhochschule Ostfriesland 1998 zeigt sich eine hoch signifikante negative Korrelation zwischen „Kenntnis" und „Zutrauen" sowie „Kenntnis" und „Interesse". Mit der Steigerung der Kenntnis nehmen die Selbstwirksamkeit und das Interesse ab (Tabelle 36b). Bei der Sommerhochschule Osnabrück 1998 hingegen gibt es eine hoch signifikante positive Korrelation - mit der Zunahme an Kenntnissen steigt auch das Zutrauen (Tabelle 36e). Die ambivalente Wirkung von Information im Zusammenhang mit der Steigerung der Selbstwirksamkeitserwartung wird hier bestätigt und lässt weitere Schlüsse zu. Die Polarisierung zeigt, dass die Ambivalenz beeinflussbar ist. Wäre Ambivalenz ein zufällig verteiltes Phänomen, so wäre das Ergebnis eine geringe Korrelation zwischen „Kenntnis" und „Zutrauen". Der Zusammenhang ist jedoch signifikant, in welche Richtung auch immer. So lässt sich vermuten, dass die Art der Informationsvermittlung im Programm eine entscheidende Rolle dabei spielt, ob das Zutrauen zu- oder abnimmt.

Tabelle 37 zeigt die Rangfolge der Stärke des positiven Zusammenhangs zwischen den einzelnen Ausprägungen, Tabelle 36, die der Stärke des Zusammenhangs unabhängig von der Ausrichtung. Die Ergebnisse sind jeweils in einer Abbildung visualisiert.

Tab. 37 (mit Abb.): Ausmaß der Veränderung: Rangfolge der Stärke des positiven Zusammenhangs zwischen den vier Ausprägungen auf Basis der signifikanten Korrelationen in fünf Sommerhochschulveranstaltungen

Signifikante Korrelationen (Anzahl)	Old. 1997 (3)	Old. 1998 (2)	Ostfr. 1997 (2)	Ostfr. 1998 (3)	Osn. 1998 (5)	Häufigkeit der pos./neg. Signifikanz, (hoch sign. Pos.)
Zutrauen und Wahl	Rang 2**	Rang 1**	Rang 1**	--	Rang 2**	4/0
Zutrauen und Interesse	Rang 3**	--	--	Rang 1**	Rang 1**	3/0
Interesse und Wahl	Rang 1**	--	--	--	Rang 4**	2/0 (2)
Kenntnis und Zutrauen	--	Rang 2*	Rang 2*	negativ!**	Rang 3**	3/1 (1)
Kenntnis und Wahl	--	--	--	--	Rang 5*	1/0
Kenntnis und Interesse	--	--	--	negativ!**	--	0/0

* signifikant (0.05, zweiseitig)
** hoch signifikant (0.01, zweiseitig)

Was die Frage nach der Stärke des positiven Zusammenhangs zwischen den vier Ausprägung angeht, so zeigt sich, dass „Zutrauen" vor allem mit „Wahl" aber auch mit „Interesse" zusammenhängt (Tabelle 37). Das Ergebnis bestätigt einige Hypothesen. Zwischen Selbstwirksamkeit und Wahlintention besteht ein enger Zusammenhang. Hier ist er am stärksten. Berücksichtigt man darüber hinaus, dass die Sommerhochschulen Ostfriesland 1997 und Oldenburg 1998 die höchsten Eingangswerte bei „Interesse" aufweisen und Ostfriesland 1998 den geringsten (siehe Tabelle 20a und b, I 2.3.3), so kann daraus geschlossen werden, dass der Zusammenhang bei hohem Interesse besonders hoch ist. Zwischen Interesse und Selbstwirksamkeitserwartung besteht eine reziproke Beziehung. Der Zusammenhang zwischen Interesse und Wahlintention ist tatsächlich weniger stark als das Alltagsbewusstsein suggeriert. Der Zusammenhang mit der Dimension „Zutrauen" - der Selbstwirksamkeit - ist jeweils höher.

Tab. 38 (mit Abb.): Ausmaß der Veränderung: Rangfolge der Stärke des Zusammenhangs zwischen den vier Ausprägungen auf Basis der signifikanten Korrelationen in fünf Sommerhochschulveranstaltungen

Signifikante Korrelationen (Anzahl)	Old. 1997 (3)	Old. 1998 (2)	Ostfr. 1997 (2)	Ostfr. 1998 (3)	Osn. 1998 (5)	Häufigkeit der Signifikanz, (hoch signifikant)
Zutrauen und Wahl	Rang 2**	Rang 1**	Rang 1**	--	Rang 2**	4 (4)
Zutrauen und Kenntnis	--	Rang 2*	Rang 2*	Rang 3**	Rang 3**	4 (2)
Zutrauen und Interesse	Rang 3**	--	--	Rang 1**	Rang 1**	3
Interesse und Wahl	Rang 1**	--	--	--	Rang 4**	2
Kenntnis und Interesse	--	--	--	Rang 2**	--	1 (1)
Kenntnis und Wahl	--	--	--	--	Rang 5*	1 (0)

Bei Betrachtung der Stärke des Zusammenhangs unabhängig von der Ausrichtung zeigt sich, dass „Zutrauen", die zentrale Größe darstellt (Tabelle 38). Die Wahlintention hängt auch hier am engsten mit der Steigerung der Selbstwirksamkeit zusammen und diese wiederum in zweiter Linie mit *der Art* der Informationsvermittlung (positive und negative Korrelationen in verschiedenen Sommerhochschulveranstaltungen). Der Zusammenhang zwischen Interesse und Wahl liegt hier noch einen Rangplatz niedriger, auf Rang 4.

3.2 Fachhochschule oder Universität: Kognitive Veränderungen in Hinblick auf hochschulbezogene Selbstwirksamkeitserwartung, Kenntnis, Interesse sowie Hochschulwahlintention

Im Rahmen der Evaluation der von Fachhochschule und Universität gemeinsam angebotenen Sommerhochschulen konnte bereits gezeigt werden, dass beide Hochschultypen durch die Kooperation keine Interessentinnen zugunsten der anderen Institution verlieren (Kosuch, 2000, S.196 f.). In der Prä-Post-Befragung waren die Teilnehmerinnen gebeten worden anzugeben, wofür sie sich im Moment mehr interessieren, für ein Studium an der Fachhochschule, der Universität oder für beides in gleicher Weise. Die Präferenzen waren nach dem Absolvieren der Oldenburger Sommerhochschulen eindeutiger geworden. Bei den Osnabrücker Veranstaltungen, deren Teilnehmerinnen mit durchschnittlich 18,2 Jahren eineinhalb Jahre jünger waren, hatten einen anderen Trend zu verzeichnen. Hier war das Vorinteresse an einem Fachhochschulstudium mit Abstand geringer als das an einem Universitätsstudium. Nach der Veranstaltung hatte das eindeutige Interesse an einem Universitätsstudium zugunsten der Möglichkeit, beide Hochschultypen als Studienort in Betracht zu ziehen, abgenommen. Daraus wurde geschlossen, dass die Institution Fachhochschule unter den jüngeren Teilnehmerinnen der Sommerhochschulen in Osnabrück weniger bekannt war und durch die Teilnahme an der Sommerhochschule nun mit in Erwägung gezogen wurde (ebd.).

Dieser Stand der Ergebnisse war die Basis für die exemplarische Untersuchung der hochschultypbezogenen Selbstwirksamkeitserwartung bei der Sommerhochschulveranstaltung 1999 in Oldenburg.

3.2.1 Hypothesen und Fragen

Zu vermuten ist, dass die Kenntnisse über die Fachhochschule zunächst geringer sind, als über die Universität und diese auch seltener als Studienort in die engere Wahl gezogen wird. Nach der Intervention müsste es eine gewisse Angleichung geben.

3.2.2 Methode

Die hochschultypbezogene Selbstwirksamkeitsüberzeugung wurde analog zu den studienfachbezogenen Selbsteinschätzungen der Vorjahre untersucht. Die Kenntnis der Hochschultypen, das Interesse und das Zutrauen sowie die Hochschulwahlintention wurden vor und nach der Veranstaltung auf einer fünfstufigen Ratingskala erhoben (Abbildung 14). Anschließend wurden vier T-Tests durchgeführt (zweiseitig), für den Prä-Post-Vergleich getrennt nach Hochschultyp und für den Vergleich zwischen Universität und Fachhochschule vor und nach der Intervention.

Abb. 14: Operationalisierung von „Kenntnis", „Interesse", „Zutrauen" und „Wahl"

Dimension	Operationalisierung	5-stufige Skala
Kenntnis	Wie gut kennen Sie den Hochschulalltag an einer ... im naturwissenschaftlich-technischen Bereich?	gar nicht - sehr gut
Interesse	Wie sehr interessieren Sie sich für ein Studium an einer ... im naturwissenschaftlich-technischen Bereich?	gar nicht - sehr stark
Zutrauen	Würden Sie sich ein Studium an einer ... im naturwissenschaftlichen Bereich zutrauen?	nein, gar nicht - ja, ganz stark
Wahl	Haben Sie ein Studium an einer ... im naturwissenschaftlich-technisch Bereich in die engere Wahl gezogen?	nein, gar nicht - ja, ganz stark

3.2.3 Ergebnisse

Tabelle 39a und b zeigen die Ergebnisse der Signifikanztests zunächst für Fachhochschule und Universität getrennt.

Die Kenntnis über die Fachhochschule hat hoch signifikant zugenommen, das Interesse jedoch signifikant abgenommen. Bei der Universität hat die Kenntnis signifikant zugenommen.

Tab. 39a: Fachhochschule vorher-nachher

	N	Mittelwert		Standardabweichung		Signifikanz	
		vorher	Nachher	vorher	nachher	t-Wert	Signifikanzniveau
Kenntnis	47	0,45	2,26	0,6189	0,6068	-13,773	*0,000***
Interesse	47	2,45	2,04	0,9512	1,1788	2,362	*0,022**
Zutrauen	47	2,91	3,04	0,7172	0,7790	-1,062	0,288 n.s.
Wahl	47	2,15	1,91	1,3160	1,3160	1,075	0,294 n.s.

Tab. 39b: Universität vorher-nachher

	N	Mittelwert		Standardabweichung		Signifikanz	
		vorher	nachher	vorher	nachher	t-Wert	Signifikanzniveau
Kenntnis	46	0,64	2,30	0,7048	0,5071	-14,975	*0,000***
Interesse	46	2,77	2,81	0,9827	1,1912	-0,209	0,836 n.s
Zutrauen	46	2,66	2,72	0,7879	0,9255	-0,416	0,679 n.s.
Wahl	46	2,49	2,81	1,4086	1,4086	-1,365	0,179 n.s.

Beide Institutionen im Vergleichstest, zeigen das folgende Bild (Tabelle 40a und b). Die Eingangswerte unterschieden sich in allen Ausprägungen signifikant. Die Kenntnis, das Interesse und die Wahlintention sind bezogen auf die Universität im Vergleich zur Fachhochschule signifikant höher, das Zutrauen hoch signifikant geringer. Nach der Intervention hat sich die Kenntnis über beide Hochschultypen angeglichen, in den anderen drei Ausprägungen zeigen sich die gleichen signifikanten Ergebnisse, allerdings auf verändertem Signifikanzniveau.

Tab. 40a: Vergleich Universität Fachhochschule vorher

	Mittelwert		N	Standardabweichung		Signifikanz	
	Fachhochschule	Universität		Fachhochschule	Universität	t-Wert	Signifikanzniveau
Kenntnis	0,42	0,67	52	0,6068	0,5071	-2,144	*0,027**
Interesse	2,35	2,81	52	1,1788	1,1912	-2,285	*0,037**
Zutrauen	2,91	2,69	52	0,7790	0,9255	-2,197	*0,004***
Wahl	2,02	2,58	52	1,3160	1,4086	3,045	*0,033**

Tab. 40b: Vergleich Universität Fachhochschule nachher

	Mittelwert		N	Standardabweichung		Signifikanz	
	Fachhochschule	Universität		Fachhochschule	Universität	t-Wert	Signifikanzniveau
Kenntnis	2,26	2,30	47	0,6068	0,5071	-2,830	0,598 n.s.
Interesse	2,04	2,81	47	1,1788	1,1912	-0,530	*0,007***
Zutrauen	3,04	2,72	47	0,7790	0,9255	-2,749	*0,012**
Wahl	1,91	2,81	47	1,3160	1,4086	2,615	*0,009***

3.2.4 Diskussion

Die Kenntnis über die Institution Fachhochschule, unter den Teilnehmerinnen der Sommerhochschulen vor der Veranstaltung immer weniger bekannt als die Universität, nimmt durch die Intervention zu, doch die Abnahme des Interesses muss nachdenklich stimmen. Das höhere Zutrauen zu einem Studium an der Fachhochschule gegenüber der Universität ist statusgetreu und wird auch nicht besonders beeinflusst. Berücksichtigt man die Teilnahmemotive (I 2.1.3), nach denen die Erkundung des Hochschulbetriebs genauso wichtig ist wie das Erkunden der naturwissenschaftlich-technischen Studiengänge selbst, so spielt die Erwartung an die Auseinandersetzung mit den Hochschultypen eine wichtige Rolle. Diese Teilstudie ist jedoch nur als exploratorisch zu werten, da es keinerlei Replikationsuntersuchung gibt.

3.3 Auswirkungen auf das Spektrum der Berufswünsche und die Studienorientierung

3.3.1 Hypothesen und Fragen

Wie bei der Auswertung der kognitiven Ausgangslage deutlich geworden ist, weisen die Teilnehmerinnen bereits eine überdurchschnittlich hohe naturwissenschaftlich-technische Orientierung auf (I 2.2.3). In diesem Forschungsschritt soll der Frage nachgegangen werden, ob die Intervention „Sommerhochschule" Einfluss nimmt auf diese Orientierung. So wollen rund 85 % der Teilnehmerinnen ein Studium aufnehmen. Auch hier stellt sich die Frage, ob diese Orientierung durch die Sommerhochschule beeinflusst wird.

3.3.2 Methoden

Bei fünf Sommerhochschulen wurde in der schriftlichen Befragung vor und nach der Veranstaltung nach den Berufswünschen gefragt. Um die Relevanz der naturwissenschaftlich-technischen Fachgruppe zu operationalisieren, wurden die Angaben den drei Kategorien „nur naturwissenschaftlich-technische Berufswünsche", naturwissenschaftlich-technische und nicht-naturwissenschaftlich-technische Berufswünsche" und „keine naturwissenschaftlich-technischen Berufswünsche" zugeordnet. Die Daten wurden gegenübergestellt. Um die absolute Anzahl derjenigen zu erfassen, deren Grundausrichtung sich entlang des Kriteriums der Bedeutung von Berufen im naturwissenschaftlich-technischen Bereich tatsächlich verändert hat, wurden außerdem Schwund und Zuwachs im Austausch zwischen den Kategorien analysiert.

3.3.3 Ergebnisse

Tabellen 41a und b zeigen die Berufswünsche vor und nach der Intervention, kategorisiert nach der Relevanz des naturwissenschaftlich-technischen Bereichs. Abbildung 15 visualisiert das Ergebnis.

Tab. 41a: Berufswünsche vorher nach Relevanz des naturwissenschaftlich-technischen Bereichs

Veranstaltung	N=	nur nat. tech. Berufswünsche	%	nat.-tech. und nicht-nat.-tech. Berufswünsche	%	kein nat.-tech. Berufswünsche	%
FH Ostfriesland 1997	39	21	53,8	10	25,6	8	20,5
FH Osnabrück 1996	13	7	53,8	3	23,1	3	23,1
FH Oldenburg 1995	20	15	75,0	3	15,0	2	10,0
FH/Uni Oldenburg 1999	37	18	48,6	11	29,7	8	21,6
FH/Uni Oldenburg 2000	28	20	71,4	6	21,4	2	7,1
Summe	137	81	59,1	33	24,1	23	16,8

Tab. 41b: Berufswünsche nachher nach Relevanz des naturwissenschaftlich-technischen Bereichs

Veranstaltung	N=	Abstand genommen von bisherigen Berufswünschen		nur nat. tech. Berufswünsche		nat.-tech. und nicht-nat.-tech. Berufswünsche		kein nat.-tech. Berufswünsche	
			%		%		%		%
FH Ostfriesland 1997	39	-		24	61,5	8	20,5	7	18,0
FH Osnabrück 1996	13	-		9	69,2	4	30,8	0	0,0
FH Oldenburg 1995	20	3	15,0	15	75,0	0	0,0	2	10,0
FH/Uni Oldenburg 1999	37	7	18,9	16	43,2	11	29,7	3	8,1
FH/Uni Oldenburg 2000	28	2	7,1	17	60,7	7	25,0	2	5,4
Summe	137	12	8,8	81	59,1	30	21,9	14	10,2

Abb. 15:

Berufswünsche vorher

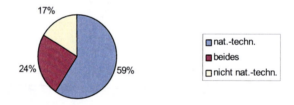

Berufswünsche nachher

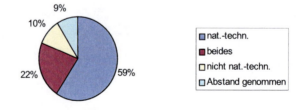

Von denjenigen, die die Frage beantwortet haben, geben 59,1% nur Berufswünsche im naturwissenschaftlich-technischen Bereich an, 21,9% Mischformen und 10,2 % nur Berufswünsche im nicht-naturwissenschaftlich-technischen Bereich. Zu vermuten ist, dass sich vor allem aus der Gruppe derjenigen, die naturwissenschaftlich-technische und nicht-naturwissenschaftlich-technische Studienwünsche angegeben haben, ein Großteil schließlich für den naturwissenschaftlich-technischen Bereich entschieden haben. Tabelle 42 zeigt die Bewegung zwischen den Kategorien.

Tab. 42: Bewegungen zwischen den Kategorien

Nur nat.- techn. Berufswünsche	N=	vorher	Nachher	Differenz
FH Ostfriesland 1997	39	21	24	3
FH Osnabrück 1996	13	7	9	2
FH Oldenburg 1995	20	15	15	0
FH/Uni Oldenburg 1999	37	18	16	-2
FH/Uni Oldenburg 2000	28	20	17	-3
Summe	**137**	**81**	**81**	**|10| 0**

nat- techn. und nicht-nat.-techn. Berufswünsche	N=	vorher	Nachher	Differenz
FH Ostfriesland 1997	39	10	8	-2
FH Osnabrück 1996	13	3	4	1
FH Oldenburg 1995	20	3	0	-3
FH/Uni Oldenburg 1999	37	11	11	0
FH/Uni Oldenburg 2000	28	6	7	1
Summe	**137**	**33**	**31**	**|7| -3**

Keine nat. tech. Berufswünsche	N=	vorher	Nachher	Differenz
FH Ostfriesland 1997	39	8	7	-1
FH Osnabrück 1996	13	3	0	-3
FH Oldenburg 1995	20	2	2	0
FH/Uni Oldenburg 1999	37	8	3	-5
FH/Uni Oldenburg 2000	28	2	2	0
Summe	**137**	**23**	**14**	**|8| -8**

Der Anteil derjenigen, deren Grundausrichtung in den Berufswünschen sich nach der Teilnahme an der Sommerhochschule gegenüber vorher verändert hat, ist nur gering. Bei 26 von 137 (19,0%) hat es Verschiebungen gegeben. Bei der Gruppe der Teilnehmerinnen, die vor der Veranstaltung keine naturwissenschaftlich-technischen Berufswünsche hatte, ist die Abnahme größten (-8). Die Summen der drei Tabellen lassen sich deshalb nicht insgesamt auf Null addieren, da es einige Teilnehmerinnen gab, die von ihren Berufswünschen nach der Veranstaltung Abstand genommen haben, jedoch nicht bejahen konnten, dass sie nun naturwissenschaftlich-technische Berufswünsche haben.

Über die Veränderung in der Studienorientierung gibt Tabelle 43 Auskunft. Nur bei vier Sommerhochschulveranstaltungen wurde die Frage nach dem Studienwunsch vor und nach der Veranstaltung gestellt. Die Daten von 106 Personen konnten ausgewertet werden.

Tab. 43: Studienorientierung

Veranstaltung	N=	Studienwunsch vorher	%	Studienwunsch nachher	%	Differenz
FH Ostfriesland 1997	40	28	70,0	29	72,5	1
FH Osnabrück 1996	13	13	100	13	100	0
FH Oldenburg 1995	25	16	64,0	16	64,0	0
FH/Uni Oldenburg 2000	28	24	85,7	22	78,6	-2
Summe	106	81	76,4	80	75,5	-1

Mit der Abnahme um eine Person hat sich die Studienorientierung durch die Intervention praktisch nicht verändert.

3.3.4 Diskussion

Angesichts der folgenden Vergleichswerte zeigt sich, dass die Teilnehmerinnen der Sommerhochschulen deutlich mehr zu naturwissenschaftlich-technischen Berufen tendieren, als der Durchschnitt eines Abiturjahrgangs. In der Zeit von 1995-2000 haben sich rund 20% der studienberechtigten Schulabgängerinnen eines Jahrgangs für ein naturwissenschaftlich-technisches Studium entschieden (2000: 22,2%, vgl. BLK, 2002). Dagegen geben 59% der Teilnehmerinnen der Sommerhochschulen vor und nach der Intervention Berufswünsche im naturwissenschaftlich-technischen Bereich an. Hinzu kommen 24% bzw. 22%, die zusätzlich Berufswünsche auch aus anderen Bereichen angeben. Insgesamt gibt also ein Potential von rund 80% mit naturwissenschaftlich-technischer Berufsorientierung, die durch die Intervention nicht maßgeblich gesteigert, aber auf hohem Niveau gehalten wird. Immerhin ein Fünftel der Teilnehmerinnen wechselt zwischen den Orientierungen „nur naturwissenschaftlich-technische Berufswünsche", „keine naturwissenschaftlich-technische Berufswünsche" und „ beides", wobei die Bedeutung des naturwissenschaftlich-technischen Bereichs leicht zunimmt.

Wie aus den Verbleibsstudien zu insgesamt sechs Sommerhochveranstaltungen bekannt ist, wählen schließlich auch 70% derjenigen, die studieren und ebenso viele derjenigen, die eine Ausbildung machen den naturwissenschaftlich-technischen Bereich (Tendler, 1999; Buddrick & Bühring 2000, eigene Berechnungen). Das bedeutet, dass die naturwissenschaftlich-technische Berufsorientierung auch mit zeitlichem Abstand zur Intervention bestehen bleibt.

Der Anteil derjenigen unter den Sommerhochschulteilnehmerinnen, die vor und nach der Intervention ein Studium aufnehmen wollen, ist ungefähr gleich hoch und liegt über dem Durchschnitt der Vergleichsgruppe des jeweiligen Jahrgangs (vgl. Brutto-Studierquote, I 2.2.3). Die Intervention „Sommerhochschule" stabilisiert demnach die Studienorientierung, die bereits eingangs über dem Durchschnitt liegt und durch die Veranstaltung nicht weiter gesteigert wird. Die beiden Verbleibsstudien zur Sommerhochschule Oldenburg 1995-1997 und Osnabrück 1996-1998 zeigen auch hier, dass diese Stabilisierung mit zeitlichem Abstand zur Sommerhochschulteilnahme anhält. Rund zwei Drittel der ehemaligen Teilnehmerinnen studieren. In Osnabrück sind es 71% von denen, die Schule oder Praktikum verlassen haben (N= 42), die studieren oder auf einen Studienplatz warten. 29% machen eine Ausbildung (N=56, Buddrick & Bühring, 2000; zitiert nach Kosuch 2000; eigene Berechnungen). In Oldenburg studieren aus dieser Gruppe 60%, 31% machen eine Ausbildung und 9% arbeiten, wobei offen bleibt, ob letztere auf einen Studienplatz warten (N=58; Tendler, 1999; eigene Berechnungen).

Studienorientierung und die Orientierung auf naturwissenschaftlich-technische Berufsfelder, die unter den Teilnehmerinnen der Sommerhochschulen überdurchschnittlich sind, werden zwar durch die Intervention kaum verändert, halten sich aber nachhaltig auf hohem Niveau.

3.4 Zusammenfassung und Diskussion

Die Sommerhochschule informiert wirksam. Dieses Ergebnis, das bereits die erste Auswertung der Sommerhochschulveranstaltungen im Prä-Post-Vergleich erbracht hat, wird hier bestätigt (vgl. Kosuch & Buddrich, 2000). Die hier vorgelegten Ergebnisse zeigen, dass im Vergleich zu den Kontrollfächern die Kenntnis der erkundeten Studienfächer hoch signifikant zunimmt.

Studienorientierung und die Orientierung auf naturwissenschaftlich-technische Berufsfelder werden durch die Intervention auf hohem Niveau stabilisiert. Sie sind unter den Teilnehmerinnen der Sommerhochschulen schon eingangs überdurchschnittlich hoch und werden durch die Intervention kaum verändert.

Die Sommerhochschule steigert die ingenieurstudiumsbezogene Selbstwirksamkeitserwartung. Das Zutrauen steigt durch die Intervention in den erkundeten Fächern gegenüber den Kontrollfächern signifikant (2x) bzw. hoch signifikant (1x) an. Die Sommerhochschule gilt außerdem dann als effektiv, wenn die Einschätzung der Selbstwirksamkeit und der Wahlintention in der Gruppe der Probandinnen bezogen auf jeweils ein Studienfach signifikant zugenommen hat. In allen fünf Replikationsuntersuchungen hat das Zutrauen pro Teilnehmerin in einem Fach signifikant zugenommen.

Durch die Sommerhochschule wird die Intention, die erkundeten Studiengänge tatsächlich auch zu studieren, wirksam gesteigert. Die Wahlintention der in der Sommerhochschule vorgestellten Studiengänge steigt in zwei von drei Untersuchungen hoch signifikant. Was das Effektivitätskriterium „hinreichende Orientierung auf ein zukünftiges Studienfach" angeht, so ist das Ergebnis bezogen auf die Wahlintention nicht ganz so eindeutig wie bei der Selbstwirksamkeitserwartung. Eine signifikante Zunahme ließ sich in drei von fünf Fällen replizieren. Hinsichtlich der Wahlintention ist das Programm also nicht ganz so effektiv.

Das Interesse an naturwissenschaftlich-technischen Studiengängen ist eingangs bereits vergleichsweise hoch und hält sich. Es liegen bezogen auf alle erkundeten Studienfächer im Vergleich zu den Kontrollfächern und bezogen auf das jeweilige Studienfach, das von den Teilnehmerinnen nach der Intervention am ehesten in die engere Wahl gezogen wird, keine replizierten signifikanten Veränderungen vor. Der Stellenwert des Interesses als Eingangsmotivation zur Teilnahme an der Sommerhochschule wird bei Anwendung beider Kriterien bestätigt.

Die Steigerung der Selbstwirksamkeitserwartung muss das hauptsächliche Ziel der Sommerhochschule sein, denn die Studienwahlintention wird am stärksten durch die Selbstwirksamkeit beeinflusst. Direkte, stellvertretende und symbolische Erfahrung sowie positive emotionale Erregung müssen Kriterien der Programmgestaltung sein. Die Frage, ob ein auf das Ziel der Steigerung der Selbstwirksamkeit hin entworfenes Programm nicht über die Studienrealität im Grundstudium hinwegtäuscht und zu unrealistischen Einschätzungen führen kann, ist dabei zu vernachlässigen, denn eine leichte Überschätzung der Selbstwirksamkeitserwartung hat positive Auswirkungen auf das Durchhaltevermögen in schwierigen Situationen (vgl. Schwarzer 1995).

Die ambivalente Wirkung von Information im Zusammenhang mit der Steigerung der Selbstwirksamkeitserwartung wird hier bestätigt. Selbstwirksamkeit und Kenntnis hängen am zweitstärksten zusammen, jedoch ist die Ausrichtung des Zusammenhangs nicht eindeutig. Die Polarisierung (u.a. eine Veranstaltung mit hoch signifikantem positiven, eine mit hoch signifikant negativem Zusammenhang) zeigt, dass die Ambivalenz von der Veranstaltung abhängt und damit beeinflussbar ist. Theoriegeleitet und anhand der Einordnung der verschiedenen Sommerhochschulen nach ihrer Intensität lässt sich die These aufstellen, dass die Art der Informationsvermittlung im Programm eine entscheidende Rolle spielt. Kenntniszuwachs geht dann eher mit der Steigerung der Selbstwirksamkeitserwartung einher, wenn die Weitergabe von Information in einen praxisorientierten Kontext eingebettet ist und eine eher geringe Anzahl von Teilnehmerinnen intensiv betreut wird.

4. Zusammenfassung und Schlussfolgerungen

Die Geschlechtsidentität mit den Fachinteressen in Einklang zu bringen, ist eine wichtige Entwicklungsaufgabe in der beruflichen Orientierung (Gisbert, 2001). Das führt nach wie vor dazu, dass Frauen sich seltener für naturwissenschaftlich-technische Studiengänge entscheiden, als das Begabungspotential zuließe. Doch in der Aufarbeitung der Literatur zur Modifikation der Studien- und Berufswahl ist deutlich geworden, dass die Verbindung von Tätigkeit und Geschlecht genaugenommen leicht zu lösen und zu verändern ist. Weitere Forschungsergebnisse weisen darauf hin, dass auch in der Oberstufe noch maßgeblich Einfluss auf die Studienorientierung genommen werden kann. Das Fehlen und die Veränderlichkeit von Berufswünschen, die Bedeutung von Zufallseinflüssen und vor allem die potentiell einflussreiche Rolle der Schule in der Studienvorbereitung ermutigen dazu. Die hohe Bereitschaft, Orientierungsangebote, die von Hochschulen veranstaltet werden, anzunehmen und der Wunsch nach monoedukativen Angeboten in der Berufsorientierung zeigen, dass die Intervention „Sommerhochschule" an einem nachgewiesenen Bedarf anknüpft.

Die Unterschätzung der eigenen Leistungen und die Tatsache, dass sich die geringere Motivation junger Frauen, Ingenieurwissenschaften zu studieren, nicht auf potentiell geringere Fähigkeiten zurückführen lassen, weisen zugleich auf komplexere Prozesse hin, die bei der Umsetzung der Konzeption „Sommerhochschule" in ein konkretes Angebot berücksichtigt werden müssen. Bei Interventionen zur Veränderung der Studienorientierung – so zeigt die Forschungsliteratur – ist die Selbstwirksamkeitserwartung von zentraler Bedeutung. Effektive Interventionen zur Modifikation der geschlechtstypischen Berufsorientierung und Erhöhung des Frauenanteils in natur- und ingenieurwissenschaftlichen Studiengängen zielen auf die Steigerung der Selbstwirksamkeitserwartung durch direkte Erfahrung (Verhaltensausführung), indirekte Erfahrung (Modelllernen), symbolische Erfahrung (verbale Überzeugung durch andere Personen), sowie positive emotionale Erregung. Im ersten Teil der vorliegenden Studie wurden die Wirksamkeit der Intervention „Sommerhochschule" auf dem Hintergrund dieser Theorie untersucht.

Die Ergebnisse zeigen, dass die Sommerhochschule als Intervention zur Beeinflussung der Orientierung auf naturwissenschaftlich-technische Studiengänge hin effektiv ist. Die Veranstaltung informiert wirksam - ein Ergebnis, das die Erwartungen der Teilnehmerinnen trifft, deren Informationsbedürfnis stärker ist als das Entscheidungsbedürfnis bzgl. ihrer Studienwahl.

Studienorientierung und die Orientierung auf naturwissenschaftlich-technische Berufsfelder sind schon eingangs hoch und werden durch die Intervention stabilisiert. Die Nachhaltigkeit dieser Stabilisierung wird durch die Verbleibsuntersuchungen bestätigt.

Durch die Teilnahme an der Intervention wird die ingenieurstudiumsbezogene Selbstwirksamkeitserwartung gesteigert. Auch die Intention, die erkundeten Studiengänge tatsächlich auch zu studieren, steigt im Vergleich zu anderen Studiengängen signifikant an. In Hinblick auf das Effektivitätskriterium, dass es hinreichend ist, wenn jede Teilnehmerin nach der Veranstaltung eines der vorgestellten Studienfächer studieren will, ist die Sommerhochschule ebenfalls effektiv.

Das Interesse an naturwissenschaftlich-technischen Studiengängen ist eingangs bereits vergleichsweise hoch und stellt eine Komponente der Teilnahmemotivation dar.

An den Sommerhochschulveranstaltungen nehmen vor allem Oberstufenschülerinnen teil, die mit 85% überdurchschnittlich häufig ein oder zwei naturwissenschaftlich-technische Leistungskurse besuchen, die zu rund 80 % Berufswünsche im naturwissenschaftlich-technischen Bereich aufweisen und die mit einem Anteil von 85% häufiger studierwillig sind als die Vergleichsgruppe im Bundesdurchschnitt. Theoriegeleitet kann davon ausgegangen werden, dass diese Gruppe am stärksten von der Steigerung der Selbstwirksamkeitserwartung profitiert, weil die Stärkung des Zutrauens auch tatsächlich ihrem - zum Teil schon verwirklichten - Potential im naturwissenschaftlich-technischen Bereich entspricht. Dies ist sicherlich ein Grund für die Effektivität der Sommerhochschule. 70% der Studentinnen unter den Absolventinnen der Sommerhochschulen studieren ein naturwissenschaftlich-technisches Fach. Angesichts der hohen naturwissenschaftlich-technischen Orientierung der Teilnehmerinnen - auch derjenigen, die keine mathematisch-naturwissenschaftlichen Leistungskurse besuchen - besteht überdies ein realistische Chance, den Anteil an Absolventinnen der Sommerhochschule, die ein naturwissenschaftlich-technisches Fach studieren noch zu steigern und zwar in dem Aspekte der Theorie der Selbstwirksamkeitserwartung stärker berücksichtigt werden. Die Vergleiche zwischen den standortspezifischen Umsetzungen der Sommerhochschulkonzeption haben gezeigt, das Programme mit hohem Praxisanteil und intensiver Betreuung ggf. auch wirksamer sind.

Nach den Erkenntnissen der hier vorgelegten Sekundäranalyse können nun die folgenden Empfehlungen für ein wirksames Sommerhochschulprogramm formuliert werden:

Anders als im bisherigen Selbstverständnis formuliert, sollte das Programm vor allem auf die Steigerung der Selbstwirksamkeitserwartung abzielen. Denn die Studienwahlintention wird am stärksten durch das Zutrauen, ein Studienfach zu studieren, beeinflusst. Vor allem das Ermöglichen von direkter praktischer Erfahrung, aber auch die konkrete Förderung und Ermutigung durch Personen, die von den Teilnehmerinnen in dieser Rolle akzeptiert werden, sind wichtige programmstrukturierende Elemente. Auch die Chance Vorbilder zu entdecken sollte stärker ermöglicht werden. Die Teilnehmerinnen, so ein Ergebnis dieser Studie, haben zum überwiegenden Teil keine beruflichen Vorbilder, eine Leerstelle, die durch die Sommerhochschule ggf. gefüllt werden kann.

Auch die ambivalente Wirkung von Information im Zusammenhang mit der Steigerung der Selbstwirksamkeitserwartung muss berücksichtigt werden, die in dieser Studien betätigt wurde. Die Art der Informationsvermittlung im Programm entscheidet darüber, ob das Zutrauen mit steigendem Kenntnisstand zu oder abnimmt. Das Ziel sollte sein, Informationen über die Studiengänge so zu vermitteln, dass sie das Zutrauen nicht schmälern. Dazu könnte der Informationsanteil reduziert und über Zeitfenster die aktive Verarbeitung gefördert werden, insbesondere im Kontakt mit Studentinnen (stellvertretende und symbolische Erfahrung). Informationen sollten zudem stärker mit Praxiserfahrungen verknüpft werden (direkte Erfahrung). Dies ist vor allem mit einer eher geringe Anzahl von Teilnehmerinnen und einer hohen Betreuungsintensität möglich.

Diejenigen, die sich für das wiederkehrende Angebot „Sommerhochschule" an naturwissenschaftlich-technischen Fachbereichen in Universitäten und Fachhochschule einsetzen, werden mit diesen Forschungsergebnissen in ihrem Anliegen unterstützt. Die Sommerhochschule ist an deutschen Hochschulen inzwischen weit verbreitet. Um die Dissemination der Intervention „Sommerhochschule" geht es im zweiten Teil dieser Studie.

Teil II

Dissemination der Intervention „Sommerhochschule" im Rahmen des Modellvorhabens „Motivation von Frauen und Mädchen für ein Ingenieurstudium"

Zunächst werden die Begriffe „Dissemination" und „Modellprojekt" geklärt (II 1.). Nach einem kurzen Überblick zum Stand der Forschung über Disseminationsprozesse im Bildungsbereich (2.) wird ein Überblick über die klassischen Verbreitungswege von Erfahrungen und Ergebnissen aus Modellvorhaben gegeben (II 2.1). Das Kapitel schließt mit einer Einschätzung zur Bedeutung der Dissemination in Projekten (II 2.2). Anschließend wird der „Leitfaden zur Organisation einer Sommerhochschule" als neuartige Methode der Dissemination vorgestellt. Die folgenden Kapitel beschäftigen sich mit den Rahmenbedingungen der Entwicklung (II 3.1), mit den Zielen (II 3.2) und dem didaktischen Aufbau (II 3.3) des Leitfadens. Anschließend werden die Aktivitäten und Rückmeldungen zur Leitfadenverbreitung dargelegt (II 3.4).

In Kapitel 4 des zweiten Teils werden Anlage und Ergebnisse der Untersuchung zur Verbreitung und Nutzung des Leitfadens vorgestellt und diskutiert. Mit Bezug auf die Leitfadenentwicklung wird die Verbreitung der Sommerhochschule in Deutschland nachgezeichnet (II.5). Teil II dieses Forschungsberichts schließt mit eine Gesamtdiskussion (II 6.).

1. Begriffsklärungen

Im Folgenden werden die Begriffe „Dissemination" und „Modellprojekt" im Kontext der Entwicklung und Verbreitung von Innovationen im Bildungsbereich definiert.

1.1 Dissemination von Innovationen im Bildungsbereich

Dissemination bedeutet zunächst Verbreitung - im einfachsten Sinne die Publizierung von Ergebnissen. Doch diese elementare Definition vernachlässigt die Frage der tatsächlichen Rezeption und der praktischen Umsetzung bzw. Nutzung des verbreiteten Inhalts. Eine gängige Definition für den Bildungsbereich, die eben diesen Aspekt mit aufnimmt, lautet:

> Dissemination besteht aus absichtsvoller, zielorientierter Kommunikation von einem sozialen System zum anderen und zwar von Information oder Wissen, das spezifisch und potentiell nutzbar („useable") ist (Louis & van Velzen, 1988, S. 261. Übersetzung durch R. K.).

In den U.S.A. gibt es seit rund 50 Jahren Forschung in den Sozialwissenschaften zum Thema Dissemination. Ziel ist die Qualitätssteigerung von Bildungsinstitutionen und der darin Lehrenden (Seashore & Jones, 2001).

In Deutschland hingegen gehört die „Einführung und Verbreitung neuer (dem sog. Fortschritt zugeschriebener) Produkte, Inhalte, Methode, Medien, Leitungsformen und Verhaltensmuster" neben „Intervention" und „Evaluation" zu den neueren Themen, die von der bildungsorientierten Forschung in der Pädagogischen Psychologie ins Blickfeld genommen werden (Dorsch, 1998, S. 400; vgl. Ulich, 1992).

Gründe für die zögerliche Aufnahme in den Aufgabenkanon z.B. der Pädagogischen Psychologie waren die Sorge um die Aufhebung der Differenz zwischen Wissenschaft und Praxis, die mit der Handlungsorientierung einhergeht, sowie die Methodenunsicherheit gegenüber den mit klassischen empirischen Methoden schwer zu erfassenden Prozessen (ebd.).

Mit Fragen der Wirksamkeit von Disseminationsstrategien hat sich vor allem die Medizin beschäftigt. Hier wurden in den letzten 25 Jahren zahlreiche Untersuchungen zur Verbreitung von Innovationen durchgeführt (vgl. Donner-Banzhoff u.a., 1999). Das liegt sicherlich auch daran, dass ein Nicht-Bekannt-Werden wichtiger medizinischer Erkenntnisse und Fortschritte auf Seiten der behandelnden Ärzte und unter den Patienten möglicherweise tödliche Folgen haben könnte. Zudem wäre die Entwicklung und Evaluation von neuen Medikamenten und Methoden ohne deren Dissemination ergebnislos.

1.2 Modellprojekte zur Förderung von Frauen in Naturwissenschaft und Technik an Hochschulen

Begriffe wie Projekt, Modellversuch, Modellvorhaben oder Modellprojekt sind jeder für sich nicht klar definiert und werden vieldeutig verwandt. In einer zusammenfassenden Darstellung der „Projekte und Modellversuche zur Förderung von Frauen in ingenieur- und naturwissenschaftlichen Studiengängen an bundesdeutschen Hochschulen" (Diegelmann, 1994) werden alle vier Bezeichnungen analog verwandt. In diesem Forschungskontext kann also von einer Gleichsetzung der Begriff ausgegangen werden, eine klare Definition gibt es noch nicht. Unterschiede werden weniger durch die verschiedenen Begriffe bezeichnet, als vielmehr durch die Kontexte, in denen sie verwandt werden. Ein Projekt zur Entwicklung und Vermarktung eines neuen Produkts in einem Unternehmen unterscheidet sich in den Rahmenbedingungen und Innovationsmethoden deutlich von einem Projekt zur Förderung von Frauen im Ingenieurstudium an einer Hochschule, letzteres aber kaum von einem Modellversuch oder Modellvorhaben mit ähnlicher Zielsetzung an einer anderen Hochschule.

Die gegenseitige Austauschbarkeit der Begriffe klärt jedoch noch nicht ihre Bedeutung. Hier helfen die Definitionen von „Modellversuch" und „Projekt" weiter.

Im Rahmen der Modellversuchsforschung, die die inflationäre Verwendung des Begriffs „Modellversuch" in der Berufsbildung beklagt, wurde eine Begriffseingrenzung und Präzisierung vorgenommen. Dazu wurden zum einen die Kriterien des Bundesministeriums für Bildung und Wissenschaft und des Bundesinstituts für Berufsbildung herangezogen, die an Modellversuche gestellt werden:

- Innovationsgehalt
- Experimental- und Prozesscharakter
- Wissenschaftliche Begleitung
- Transferierbarkeit
- Mitfinanzierung (Dehnbostel 1995, S. 234)

Diese Kriterien gelten alles in allem auch für Modellversuche an Hochschulen zur Förderung von Frauen im naturwissenschaftlich-technischen Bereich, insbesondere in den Fällen, in denen die finanzielle Förderung durch die Bund-Länder-Kommission (BLK) erfolgt, da hier die gleichen o.g. Genehmigungskriterien anlegt wurden, z.B. bei Projekten an der Universität/GH Paderborn 1992-1994 und an der Fachhochschule Bielefeld 1994-1997 (Diegelmann, 1994, S. 17, 80).

Auch die Aufgabenbestimmung, wie in der folgenden Definition dargelegt, gelten für Hochschul-Modellprojekte: „Modellversuche sind Instrumente, die in soziale Systeme eingreifen, Innovationen in der beruflichen Bildung anstreben und daher stets Veränderungsprozesse auslösen und Veränderungen bewirken". Sie sind im „intermediären Bereich zwischen Politik, Verwaltung, Wissenschaft und Praxis angesiedelt" und dadurch „vielschichtig, unscharf, teilweise widersprüchlich" in ihren Zielen (Kutt 1995, S. 240).

Zum Projektbegriff gibt es eine Vielzahl von Definitionen, die meist die folgende Merkmale enthalten (vgl. Kraus, G. & Westermann, R. 1995, Mayrshofer, D. & Kröger, H. A. 1999): Neuartigkeit und Einmaligkeit, Zielorientierung, Komplexität, Qualitätssicherung, Beteiligung mehrerer Stellen und zeitliche Begrenzung. Bei der Verwendung des Begriffs „zielorientiert" und wird von unterschiedlicher Klarheit und Genauigkeit ausgegangen, abhängig von der Art des Projektes. Auch diese Kriterien treffen auf Hochschul-Modellversuche zur Förderung von Frauen im naturwissenschaftlich-technischen Bereich zu.

Modellversuche sind demnach Projekte, die in einem besonders definierten Kontext durchgeführt werden. Dieser Kontext wurde für die Berufsbildung definiert (s.o.), trifft in seiner Grundstruktur aber auch für Hochschul-Projekte zu. Auf dieser Basis lässt sich nun eine Definition formulieren:

Ein Modellversuch, -projekt oder -vorhaben an einer oder an mehreren Hochschulen zur Förderung von Frauen im naturwissenschaftlich-technischen Bereich bezeichnet eine zeitlich befristete Entwicklung eines gemeinsamen Prozesses, der neuartig und komplex ist. Zu den jeweiligen Zielen, die unterschiedlich konkret sein können, gehören auch die Implementation und die Gewährleitung der Transferierbarkeit von entwickelten Maßnahmen und/oder von weiterführenden wissenschaftlichen Erkenntnissen. Ein Modellprojekt greift in das vorherrschende System durch Innovationen ein, die zu einer größeren Teilhabe von Frauen an qualifizierten naturwissenschaftlich-technischen Studiengängen und Berufen führen. Verlauf und Ergebnisse sind einer ständigen Steuerung und Qualitätssicherung u.a. durch wissenschaftliche Begleitung unterworfen. Ein solches Projekt ist im Spannungsfeld zwischen Politik, Verwaltung, Wissenschaft und Praxis angesiedelt und wird häufig von Wissenschaftsministerien und anderen bildungspolitischen Institutionen finanziert.

2. Faktoren wirksamer Disseminationsprozesse im Bildungsbereich

Davis u.a. (1992, zitiert nach Donner-Banzhoff, 1999) unterscheiden drei Klassen von Maßnahmen der Dissemination für den medizinischen Bereich:

- **Prädisponierend**: Maßnahmen, die für Wissensvermittlung und Bereitschaft sorgen, eine Innovation anzuwenden (gedruckte Materialien, Vorträge, Multiplikatoren)
- **Umsetzungshilfen**: fördern konkrete Umsetzung der Innovation im Alltag (Einüben von Verhaltensweisen, Informationen für die Patienten)
- **Verstärker**: informieren über unerwünschte Abweichungen vom neuen Standard (Audit, Feedback, Erinnerungshilfen)

Eine Zuordnung soll helfen, Maßnahmen zu wirksamen Disseminationsstrategien zu koppeln, denn Strategien, die auf einer Kombination verschiedener Methoden basieren, sind effektiver als einzelne Methoden (ebd.).

Donner-Banzhoff u.a. (1999) skizzieren verschiedene Verbreitungsarten und referieren den Forschungsstand zur Frage nach deren Effektivität. Bei den folgenden in Abbildung 16 dargestellten Disseminationsstrategien und ihrer Wirksamkeit handelt es sich vor allem um Maßnahmen zur Beeinflussung des professionellen Verhaltens von Ärzten.

Abb. 16: Disseminationsstrategien und ihre Effektivität im Kontext von Innovationen in der Medizin (Donner-Banzhoff, 1999)

Methode	Wirksamkeit
Gedruckte oder elektronische Materialien	geringfügig, z.T. nicht geklärt
Örtliche Multiplikatoren (Verbreitung durch spezielle angefertigte Materialien, Veranstaltungen, formelle und informelle Kontakte)	nicht eindeutig, genaue Wirkmechanismen nicht geklärt
Kurze Konferenzen	als singuläre Maßnahme keine Wirksamkeit
Interaktive Seminare und Kleingruppen (Vorträge, einübende Rollenspiele, Mitgeben von Erinnerungshilfen für den Praxisalltag)	Wirksamkeit signifikant
Faciliators (akademische Praxisbesucher) (helfen in der Praxen, bereiteten Audit vor, verbesserten Abläufe, verteilten Hilfsmittel (Broschüren, Erinnerungshilfen für die Ärzte, Materialen für die Patienten)	Wirksamkeit signifikant
Audit und Feedback (systematische Bestandsaufnahmen, die rückgemeldet werden)	mäßige Effekte, setzt Wissen und Handlungsbereitschaft voraus, Kombination mit anderen Methoden notwendig
Erinnerungshilfen	Methode dem Feedback überlegen
Massenmedien	sinnvoller Teil einer Disseminationsstrategie

In ihrer eigenen Studie untersuchen sie die Wirksamkeit der Einführung einer hausärztlichen Beratungsstrategie zur Veränderung von Verhaltensweisen, die sich negativ auf die Gesundheit auswirken (ebd.). Trotz nachgewiesener Wirksamkeit des Beratungsansatzes unterschieden sich die Gruppe, bei der die Dissemination systematisch angegangen wurde nicht von der Kontrollgruppe. Die Verbreitungsstrategie erwies sich demnach als unzureichend. Autoren und Autorin analysieren daraufhin die fördernden und hemmenden Faktoren bei der Dissemination komplexer Neuerungen. So gab es in ihrem Fall z.B. eine längere Phase der Unklarheit über die Wertigkeit und Bezahlung der „sprechenden Medizin" (Rahmenbedingungen), die zur Demotivation der Ärzte beigetragen hat. Zudem wurden die bei den Ärzten wenige bekannte Methode der Rollenspiele zur Verhaltensmodifikation eingesetzt (Akzeptanz). Das ganze Programm basierte außerdem auf einem partnerschaftlichen Selbstverständnis der Arzt-Patient-Beziehung, das bei den Ärzten häufig noch paternalistisch ausgerichtet war (Ausmaß der Veränderung, Paradigmenwechsel). Abbildung 17 zeigt die Faktoren im Überblick.

Abb. 17: Fördernde und hemmende Faktoren bei der Dissemination komplexer Neuerungen (Donner-Banzhoff, 1999)

Rahmenbedingungen (förderlich-hinderlich)
Motivation (hoch-niedrig)
Priorität gegenüber anderen Themen des zeitlich hoch belasteten Berufsalltags (hoch-niedrig)
Akzeptanz von Methoden der individuellen Veränderung (hoch–niedrig)
Ausmaß der angestrebten Veränderung (problematisch z.B. bei Paradigmenwechsel)

Mit Disseminationsprozessen in Bildung, Karriereförderung und Techniksozialisation befasst sich eine Metaanalyse, die im Auftrag des "National Research Center for Career and Technical Education" und dem „National Dissemination Center for Career and Technical Education" an der Ohio State University, U.S.A. durchgeführt wurde. Veröffentlichungen über Disseminationsprozesse in diesem Bereich wurden daraufhin untersucht, wie Forschungsergebnisse am besten in die Praxis umgesetzt werden (Seashore & Jones, 2001). Dabei wurde deutlich, dass es bei der Dissemination im Bildungsbereich nicht nur um die Frage der Verbreitung von Information oder Wissen geht, sondern auch und gerade um die Förderung der Anwendung dieser Information oder dieses Wissens. Erst wenn „das Neue" angewendet wird, handelt es sich also um wirksame Dissemination.

Die Autorinnen schlagen ein Wissenstransfermodell vor, das auf fünf Prinzipien beruht: Diese werden in Abbildung 18 dargelegt.

Abb. 18: Modell des Wissenstransfer in Bildung, Karriereförderung und Techniksozialisation (Seashore & Jones, 2001)

1. Anreize zur Veränderung geben
2. Wissen zur Verfügung stellen
3. eine allgemeine Vorstellung davon vermitteln, wie die neue Idee die konkrete Praxis verbessern kann
4. die Ausbreitung des neues Wissens innerhalb und zwischen den Bildungsinstitutionen anregen
5. top-down und bottom-up Methoden miteinander verbinden.

Die Autorinnen referieren fünf zentrale Forschungsergebnisse über Dissemination (ebd.)

- Besonders in Situationen, in denen sich eine Institution oder eine Person einen Gewinn davon erhofft, wird ein Veränderungsprozess in Gang gesetzt (z.B. die Erweiterung der eigenen Kompetenz („Empowerment") oder eine bedeutsame berufliche Weiterentwicklung („significant professional development")).

- Die Nutzung des neuen Wissens beinhaltet Aktivität. Wenn die Information vorliegt, muss sie verstanden und verdaut werden und Entscheidungen darüber getroffen werden, wie das neue Wissen anzuwenden ist.

- Das neuen Wissens wird mit höherer Wahrscheinlichkeit aktiv aufgenommen, wenn es eine gewisse Bindung zwischen der verbreitenden Institution und dem Rezipienten gibt.
- Für die Nachhaltigkeit des Austauschs zwischen Produzenten und Anwendern neuer Forschungsergebnisse zu sorgen ist eine Methode, die tatsächliche Anwendung des neuen Wissens zu unterstützen.
- Organisationen lernen anders als Individuen und somit unterscheidet sich auch ihre Art und Weise das neue Wissen zu nutzen. Drei Dimensionen, die das Lernen einer Organisation beeinflussen sind geteiltes und individuelles Wissen sowie die Wissenskommunikationssysteme.

Anreize, Nutzerfreundlichkeit der Information und die Nähe des Multiplikators der neuen Information zum potentiellen Nutzer sind demnach wichtige Faktoren der Dissemination, die im Bildungsbereich immer als Dialog zwischen Forschung und Praxis verstanden werden muss.

2.1 Formen der Dissemination in Modellprojekten

Die Aufgabe von Modellversuchen besteht vorrangig darin, innovative Prozesse zu initiieren, zu steuern und ggf. zu implementieren. Zur Sicherung von Veränderungsprozessen gehört jedoch ebenso, die Ergebnisse und deren Implikationen zu verbreiten. Was die Dissemination betrifft, so ist es eine Aufgabe von Projekten, die Transferierbarkeit von entwickelten Maßnahmen und/oder von weiterführenden wissenschaftlichen Erkenntnissen zu gewährleisten (Definition, vgl. II 1.2). Somit wird die Möglichkeit der Verbreitung gesichert. Es ist jedoch bisher keine Aufgabe von Modellprojekten, aktiv die Dissemination zu betreiben, es sei denn die Dissemination ist ein explizites Projektziel und wird darüber zur Aufgabe des Projektes. Zudem gibt es Modellprojekte in Einrichtungen, mit denen die Auftraggeber etwas Neues erproben und von vorn herein planen, bei Erfolg das Erprobte für diese und alle anderen Einrichtungen dieser Art zu übernehmen und in die Linienorganisation zu implementieren.

Klassische Form der Dissemination in Projekten sind der Projektbericht (Zwischen- und Abschlussbericht), der Forschungs- oder Evaluationsbericht sowie der Vortrag und andere Formen mündlicher oder schriftlicher Beiträge z.B. im Rahmen von Tagungen. Projektberichte richten sich in der Regel in erster Linie an die Auftraggeber (Rechenschaft), die projektdurchführenden Institutionen (Ergebnissicherung, Weiterführung) aber auch an Nachahmer (dissemination of best practice). Sie haben meist den Charakter „Grauer Literatur", während Forschungsberichte häufig über den Buchhandel zu beziehende Veröffentlichungen darstellen. Vorträge werden ebenfalls häufig veröffentlicht - z.B. in Tagungsdokumentationen - abhängig ist das jedoch vom Grad der Öffentlichkeit der Veranstaltung. Beiträge bei Zusammenkünften von Projektnetzwerken werden häufig nicht einmal dokumentiert oder bleiben z.B. in Form von Protokollen „Graue Literatur". Erreicht werden mit diesen klassischen Formen vor allem „vergleichbar Handelnde", also z.B. andere Frauenbeauftragte, die ähnliche Projekte initiieren möchten.

Die Dokumentation und damit die Basis für die Verbreitung von Innovation aus Projekten lassen sich auf den drei Ebenen darstellen, auf die sie sich beziehen, die Ebene der Information, des Prozesses und der Produkte.

Information/Wissen: Welche Erkenntnisse wurden gewonnen? Das können Theorien, Erklärungen oder Lösungen zu einem bestimmten Problem sein. Der Grad der Verallgemeinerbarkeit der Ergebnisse variiert ebenso wie die der Grad der wissenschaftlichen Fundierung, je nach Auftrag und Umfang der Begleitforschung des Projektes.

Prozess: Welche Methoden, Handlungsweisen und Steuerungsinstrumente haben bei der Durchführung, Krisenbewältigung und kontinuierlichen Projektablaufanpassung eine Rolle gespielt? Ziel der Analyse ist die Gewinnung von Erkenntnissen, die bei ähnlichen Problemlagen von Projekten zur Anwendung kommen können. Erkenntnisse über den Projektverlauf (Risikomanagement: förderliche und hinderliche Bedingungen, Bewältigungsstrategien) werden meist unsystematisch über die Projektarbeit selbst gewonnen oder sie sind Gegenstand der formativen Evaluation. Träger der Information und somit die MultiplikatorInnen sind meist die Projektverantwortlichen, die das Projekt koordinieren und maßgeblich durchführen. Die Verbreitung des verlaufsbezogenen Wissens geschieht meist mündlich, nicht nur weil das Wissen unsystematisch gewonnen und wenig dokumentiert wird, sondern auch, weil es sich häufig um kontextbezogenes, nicht vom realen Alltag abstrahiertes Wissen handelt, das - auch aus Gründen des Datenschutzes und des Schutzes der Persönlichkeit - nicht zur Veröffentlichung geeignet ist.

Produkt: Welche „Technologien", Methoden, Medien, Strategien, etc., wurden im Projekt entwickelt und erprobt? Dabei handelt es sich z.b. um im Projektverlauf zum Einsatz gekommene Medien (Broschüren, Ausstellungen, Internetauftritte), Veranstaltungskonzeptionen (Unterrichtseinheiten, Sommerhochschule, Mädchen-Technik-Tag), Vernetzungsformen (Netzwerke, Mentoring, tutorielle Begleitung, Coaching), Strategien und Didaktiken ((non)direktive Interventionsstrategien, „gendersensitive" oder „genderfreie" Vermittlungsformen wie reflexive Koedukation oder Monoedukation), sowie um Methoden des Change-Managements (bottom-up und top-down Verfahren).

Die drei Innovationsebenen lassen sich nun mit den Innovationsquellen und den Disseminationsstrategien in Beziehung setzen. Abbildung 19 zeigt anhand der unterschiedlichen Ebenen, wie die jeweiligen Innovationen gewonnen werden und welche Disseminationsstrategien maßgeblich zum Einsatz kommen. In diesem Zuordnungssystem wird vorgeschlagen, Leitfäden vor allem als ein Instrument zur Dissemination von Produkten und Prozessen zu nutzen.

Abb. 19: Innovation aus Modellprojekten und ihre Dissemination

Innovation auf der Ebene von	wird im Projektmanagement vor allem gewonnen durch	Dissemination vorrangig über
Information/Wissen (Erkenntnisse aus dem Projekt)	summative Evaluation/Begleitforschung, Projektdokumentation	Forschungsbericht, Projektbericht, Vortrag
Prozess (Verlauf des Projekts)	formative Evaluation, Projektdokumentation, Projektdurchführung	mündlicher Erfahrungsbericht z.B. im Rahmen des Austauschs in Netzwerken (selten systematisch dokumentiert), Vortrag, **Leitfaden**
Produkt (Methoden, Medien, Strategien, etc., die im Projekt entwickelt und erprobt wurden)	Projektdurchführung, Projektdokumentation, formative und summative Evaluation	**Leitfaden**, Workshop, mündlicher Erfahrungsbericht, Vortrag, Projektbericht

2.2 Schlussfolgerungen

Modellvorhaben haben, was die Verbreitung ihrer Ergebnisse angeht, bisher vor allem die Transferierbarkeit von entwickelten Maßnahmen zu gewährleisten. Eine stärkere Fokussierung auf aktive Disseminationsprozesse würde zum einen das Prozess-Wissen aus Projekten besser verbreiten, welches bisher nur eingeschränkt weitergegeben wird, aber für Erfolg und Misserfolg von Modellprojekten eine entscheidende Rolle spielt. Zum anderen würde dadurch eine weitere Verwertung von Projektergebnissen gefördert werden. Mit

Hilfe von wirksamen Disseminationsmethoden und -strategien kann die „Neukonstruktion" eines Produktes zu einem anderen Zeitpunkt an einem anderen Ort ermöglicht oder erleichtert werden.

Im Modellvorhaben „Motivation von Frauen und Mädchen für ein Ingenieurstudium" gab es bereits in der Projektanlage gute Rahmenbedingungen für die Erprobung aktiver Disseminationsstrategien (siehe 3.1). Mit dem Leitfaden zur Organisation einer Sommerhochschule für Oberstufenschülerinnen hat sich das Projekt eng an der handlungsorientierten Definition des Begriffs „Dissemination" angelehnt, dem Weitergeben von Informationen, Erfahrungen und Materialien, *spezifisch und potentiell nutzbar*. Im Folgenden soll die Entwicklung, Verbreitung und Nutzung untersucht und dargestellt werden.

3. Entwicklung und Verbreitung eines Leitfadens als Instrument der Dissemination

3.1 Vorgeschichte und Rahmenbedingungen der Leitfadenentwicklung

Da es sich beim Modellvorhaben „Motivation von Frauen und Mädchen für ein Ingenieurstudium" um ein hochschulübergreifendes Projekt handelte, wurden innerhalb des Projektes von Anfang an Erfahrungen mit Disseminationsprozessen zwischen den Projektstandorten gesammelt. Am Beispiel der Sommerhochschule stellte sich das folgendermaßen dar (Kosuch & Buddrick, 2000). 1995 fand diese Veranstaltung erstmals an der Fachhochschule Oldenburg statt, im Jahr darauf bereits zusammen mit der Universität vor Ort. Bereits nach dieser ersten Veranstaltung wurde ein Organisationsleitfaden als interne Handreichung erstellt (Kosuch, 1995 c). Diese hatte das Ziel, Interessierten, die eine ähnliche Veranstaltung durchführen wollten, transparent zu machen, wie die Vorbereitungen im einzelnen abgelaufen sind. Neben Zeit- und Kostenplan wurden die verwendeten Materialien (Programm, Anmeldeformulare, Anschreiben, Serienbriefe, Presseerklärungen, Stundenplan, Fragebögen usw.) entlang des Zeitplans ihres Einsatzes mitgeliefert. Unterstützt durch diese Handreichung aus Oldenburg wurde 1996 die „Studentin auf Probe" an der Fachhochschule Osnabrück veranstaltet - nach zweimaliger Durchführung in Kooperation mit der Universität am Ort. 1998 boten in Niedersachsen vier Fachhochschulen und drei Universitäten in fünf unterschiedlichen Veranstaltungen jungen Frauen die Möglichkeiten zum Probestudium. Nicht mitgerechnet ist dabei die TU Clausthal, die seit 1996 ebenfalls jährlich ein Schnupperstudium für Mädchen anbietet, diese Maßnahme anders als die anderen niedersächsischen Sommerhochschulen, nicht auf einen Impuls aus dem Modellvorhaben in der Weser-Ems-Region zurückführte.

Die Dissemination zwischen den Standorten wurde demnach bereits über die o.g. Handreichung unterstützt, die wiederum zu einem zentralen Baustein der Entwicklung des Leitfadens wurde. Sie fand Verwendung auch über die Grenzen Niedersachsens hinaus – so beispielsweise von der Thüringer Koordinierungsstelle „Naturwissenschaft und Technik für Schülerinnen," die ihre erste Sommeruniversität an der TU Ilmenau 1998 veranstaltet haben (siehe Kasten).

„Bei der Konzipierung und Auswertung [der 1. Sommeruniversität an der TU Ilmenau, Anmerkung R.K.] waren uns Ihr Leitfaden und Ihre Erfahrung eine gute Unterstützung. Durch die Spezifik unserer TU mußten wir natürlich auch andere Faktoren berücksichtigen. Eine Wiederholung ist auf alle Fälle geplant." (aus dem Brief der Thüringer Koordinierungsstelle an das Modellvorhaben vom 14.1.1999)

Das Zitat macht auch deutlich, dass neben der Leitfadenvorform die mündliche Beratung eine wichtige Rolle gespielt hat. Abgefragt wurde insbesondere organisatorisches Know-How, das vor allem von der Verwaltungsmitarbeiterin im Modellvorhaben Ingrid Zimmermann in vielen Gesprächen weitergegeben wurde.

3.2 Ziele des „Leitfadens zur Organisation einer Sommerhochschule"

Wie bereits dargelegt, erfolgte der aktive Transfer des Produkt „Sommerhochschule" aus dem Modellvorhaben bereits projektintern und im überschaubarem Maße auch darüber hinaus. Disseminationsmethoden waren vor allem das Expertengespräch und die genannte Handreichung. Das Ziel war, die Erfahrungen aus der mehrfachen Durchführung der Sommerhochschule unter verschiedenen Rahmenbedingungen (**Produkt**) und die Erfahrungen aus der Dissemination (**Prozess**) anderen so zugänglich zu machen, dass auch ohne das Expertengespräch die wichtigsten Informationen und Erfahrungen zugänglich und nutzbar gemacht werden. Auch das im Projekt genutzte und durch Begleitforschung ergänzend herausgearbeitete Hintergrundwissen zur Situation von Frauen in Naturwissenschaft und Technik sollte zur Unterstützung der Weiterverbreitung der Sommerhochschule weitergegeben werden (*Information/Wissen*).

Unter dem Motto: „Abgucken erwünscht" sollten pragmatische Informationen, verwendungsfähige Ergebnisse verbreitet werden und für äquivalente Kontexte übertragbar gemacht werden.

Immer mehr Hochschulen kamen hinzu, die die Sommerhochschule veranstalteten. Mit dem Leitfaden sollte der Disseminationsprozess unterstützt werden, mit dem Ziel, dass sich dieses Orientierungsangebot zunehmend von einem außergewöhnlichen Zusatzangebot zu einer selbstverständlichen Dienstleistung entwickelt. Damit, so erhofften sich die Autorinnen, würde auch das Motiv für die Veranstaltung eine positive Weiterentwicklung erfahren, von dem besonderen „Extra" zur wiederkehrenden Maßnahme zur Erhöhung der Chancengerechtigkeit, für die sich Hochschulen so lange einsetzen, wie es notwendig ist.

3.3 Konzept und Aufbau des Leitfadens

Basis für die Verbreitung von Innovationen aus Projekten sind die Ebene der Information, des Prozesses und der Produkte (II 2.1).

Der Leitfaden unterscheidet sich vom Handbuch darin, dass Wissenswertes nicht als Grundregeln vermittelt wird (wie beispielsweise in einem Handbuch für Projektmanagement) sondern konkret entlang dem spezifischen Kontext und den Aufgaben. Dazu gehören auch die Rahmenbedingungen für die Entwicklung von sozialen Innovationen an Hochschulen. Bei letzteren handelt es sich um Institutionen die sich durch eine hohe Komplexität und geringe Weisungsbefugnisse auszeichnen. Es ist also davon auszugehen, dass die NutzerInnen des Leitfadens vor allem auf der Basis des Einflussprojektmanagements handeln.

Bezogen auf die drei Ebenen der Verbreitung von Innovation mussten bei der Entwicklung des Leitfadens die folgenden Aufgaben erfüllt werden:

Information/Wissen: Daten, Zahlen, Hintergründe als „news to use", Argumentationshilfen und Kontextinformationen zur Verfügung stellen

Prozess: Implizite Erfahrungen des Veränderungshandelns explizit machen, soweit dieses möglich ist (siehe II 2.1)

Produkt: Konzeption und verwendete Materialien herausgeben

Beim Leitfaden zur Organisation einer Sommerhochschule für Oberstufenschülerinnen handelt es sich um ein DIN A 4-Ringbuch mit Vierfachlochung - alle Seiten können also einzeln entnommen und wieder eingelegt werden. Das Ringbuch gliedert sich in fünf Kapitel, „Einführung", „hochschulpolitische Rahmenbedingungen und Ziele", „Netzwerke und Kontaktarbeit", „Programmentwicklung" sowie „Organisation" (vgl. Abbildung 20). Mit diesen Kapitelüberschriften sind auch die fünf Trennblätter versehen. Bis auf die Einführung gibt es zu jedem Kapitel einen Anhang in dem Literaturverweise und Materialien zur weiteren Verwendung zur Verfügung gestellt werden. Diese liegen auch in elektronischer Form vor und können bei der Herausgeberin angefordert werden. Am Ende des Ordners befindet sich ein Übersichtsplan. Die einzelnen Abschnitte des Leitfadens sind oft mit Randbemerkungen versehen. Dabei handelt es sich vor allem um Hintergrunddaten, Forschungsergebnisse und Zitate von ehemaligen Sommerhochschulteilnehmerinnen.

Den NutzerInnen wird empfohlen, den Übersichtsplan herauszunehmen und zur zentralen Orientierung zu verwenden. Alle dort aufgeführten Schritte sind in den einzelnen Kapiteln erläutert. Wer von den Erfahrungen mit der Terminierung einzelner Organisations- und

Vorbereitungsschritte profitieren will, dem wird empfohlen, mit der detaillierten Checkliste zu arbeiten (Arbeitsgruppe Sommerhochschule, 1999, S. 66).

Unter der Überschrift „Ein Leitfaden für wen und wozu" werden Ziele und Zielgruppen dargelegt (ebd., S. 8):

Der Leitfaden kann Ihnen dienen
- als Entscheidungsgrundlage für oder gegen die Veranstaltung
- als Ideenlieferant
- als Planungshilfe
- als Anleitung zur Durchführung
- beim Einwerben von „Drittmitteln" (Gewinnen von Sponsoren)

Er liefert
- Unterstützung für die Überzeugungsarbeit
- einen mehrfach und unter verschiedenen Bedingungen erprobten Zeitplan
- Materialien zum Kopieren, anpassen, weiterentwickeln
- vielleicht auch Beispiele, wie Sie es gerade *nicht* machen wollen
- ein funktionierendes Konzept, mit dem Sie Ihre Sommerhochschule organisieren können

Er richtet sich an
- naturwissenschaftlich-technische Fachbereiche, bzw. Hochschulen mit solchen Fachbereichen, die zum ersten Mal eine Veranstaltung für Mädchen und Frauen organisieren wollen
- auf diesem Gebiet bereits erfahrene Hochschulen
- VeranstalterInnen von Sommerhochschulen, die die Koordination einer solchen Veranstaltung an andere Bereiche in der Hochschule abgeben wollen.

Mit dem Leitfaden arbeiten
- kann vor allem die/der HauptkoordinatorIn der Veranstaltung. Diese Person kann aus ganz unterschiedlichen Bereichen stammen:
- aus dem Kreis der Frauenbeauftragten
- dem Frauenbüro
- der Professorenschaft
- eines Fachbereichs
- der Studienberatung
- der Presse- und Öffentlichkeitsarbeit.

Das Konzept des Leitfadens ist nicht ohne weiteres den zitierten Ansätzen der Disseminationsforschung zuzuordnen. Er ist „prädisponierend", stellt jedoch zugleich eine „Umsetzungshilfe" dar, bleibt dabei aber auf der Ebene des „gedruckten Materials". Letzteres steht für Informations- oder Wissensvermittlung, mit dem Leitfaden wird jedoch darüber hinaus angestrebt, Aufgaben eines „faciliators" mit zu übernehmen. Informationen werden nicht nur dokumentiert, sondern es wird der Versuch unternommen, sie in ausreichend handlungsrelevante Informationen zurückzuübersetzen.

Danksagung		2
Vorwort	**Abb. 20: Gliederung des Leitfadens**	5

1. Einführung — 7
  1.1 Ein Leitfaden für wen und wozu — 8
  1.2 Abgucken erwünscht - eine Anmerkung zum Copyright — 9
  1.3 Was ist eine Sommerhochschule für Schülerinnen und andere interessierte Mädchen und Frauen? — 10

2. Hochschulpolitische Rahmenbedingungen und Ziele — 11
  2.1 Zielscheibe — 12
  2.2 Argumente für die Veranstaltung einer Sommerhochschule für Schülerinnen — 13
  2.3 Warum nur für Mädchen und Frauen — 15
  2.4 Werden Sie sich über Ziele und Zielgruppe klar — 18
  2.5 Checkliste zu den Rahmenbedingungen — 21
  2.6 Wann ist eine Sommerhochschule erfolgreich? — 22
  2.7 Evaluation/Auswertung — 23
  Anhang — 25
  Begleitforschung   Fragebögen

3. Netzwerke/Kontaktarbeit — 26
  3.1 Vorschläge für KooperationspartnerInnen — 27
  3.2 Wie erreiche ich potentielle Teilnehmerinnen? — 27
  3.3 Hinweise für das Ansprechen von Schulen — 28
  3.4 Pressearbeit- und Öffentlichkeitsarbeit — 29
  3.5 Kontaktadressen — 31
  3.6 Gute Bedingungen für die Programmentwicklung: — 33
  Anhang — 35
  Pressespiegel

4. Programmentwicklung — 36
  4.1 Leitlinien der Programmentwicklung — 37
  4.2 Empfehlungen zu den Programmelementen — 38
    4.2.1 Der Faktor Zeit im Programm — 40
    4.2.2 Schaffen von Wahlmöglichkeiten im Programm — 41
  4.3 Empfehlungen zu den Gruppenbildungsprozessen im Programm — 41
  4.4 Tutorinnen und Expertinnen aus der Praxis im Programm — 46
  4.5 Tutorinnenaufgaben — 46
  4.6 Protokollleitfaden für Tutorinnen — 48
  4.7 Leitfaden für Gesprächsrunden für Expertinnen aus der Praxis und Studentinnen — 49
  4.8 Empfohlene Ergänzungsprogramme — 52
  4.9 Abschlußveranstaltung — 54
  4.10 Rahmenprogramm — 56
  Anhang — 58
  Programmbeispiele   Beispiel einer Führung
  Stundenplanbeispiele   Fragebögen
  Rallyebeispiel

5. Organisation — 59
  5.1 Empfehlungen zum Veranstaltungstermin — 60
  5.2 Informationsstrategien — 60
    5.2.1 Entwicklung von Informationsmaterialien — 61
  5.3 Vergabe der Sommerhochschulplätze — 62
    5.3.3 Unterbringung von auswärtigen Schülerinnen — 62
  5.4 Finanzierungsplan/Personal und Sachmittel — 62
  5.5 Einrichtung einer Kostenstelle — 62
  5.6 Verträge und Bezahlungskriterien — 63
  5.6 Rechtliche Absicherung/Freistellung der Schülerinnen — 63
  5.7 Sponsoring — 65
  5.8 Gesamtcheckliste ORGA — 66
  Anhang — 71
  Abrechnungsbögen   Programme
  Plakate   Anmeldung
  Handzettel   Anschreiben
  Logo (2x)   Dankschreiben

3.4 Leitfadenverbreitung

Der Leitfaden wurde mit einer Auflage von 350 Exemplaren gedruckt. Zur Herausgabe wurden 150 Exemplare manuell zusammengefügt. Auf der Abschlusstagung der Modellprojekte „Motivation von Frauen und Mädchen für ein Ingenieurstudium" (Weser-Ems) und „Technik zum Be-Greifen" (Braunschweig) Anfang 1999 wurde er der Öffentlichkeit vorgestellt und gegen eine Schutzgebühr zum Verkauf angeboten. Auch bei weiteren Tagungen und Veranstaltungen, bei denen die Frauenbeauftragten zugegen waren, wurde der Leitfaden angeboten.

Bis Ende 1999 waren rund 130 Exemplar herausgegangen. Über deren AbnehmerInnen kann keine Aussage getroffen werden, allerdings ließen sich die Daten von denjenigen, die den Leitfaden direkt zugesandt bekamen, genauer analysieren. Bis Ende 1999 wurde der Leitfaden insgesamt 55 Mal auf Bestellungen versandt (Tabelle 44).

Tab. 44: BezieherInnen des Leitfadens im Jahre 1999

Institution	Anzahl
Hochschulen	**33***
aus 121 HRK-Mitglieds-Fachhochschulen	20 (16,5%)
aus 82 HRK- Mitglieds-Universitäten	13 (16,9%)
andere Institutionen	**17**
Verbände, Vereine	5
Unternehmen, Firmen	3
Stadt und Regionalstellen	3
Forschungszentren	3**
Ministerien	2
Arbeitsamt	1
Sonstige	**5**
Privatadressen	3
Journalistin	1
Buchhandlung	1
Gesamt	**55**

* aus 29 verschiedenen Hochschulen, da aus je zwei Fachhochschulen und Universitäten jeweils zwei Stellen den Leitfaden angefordert hatten.
** eine davon in Österreich

60% der bekannten BezieherInnen des Leitfadens kamen aus Hochschulen und 31% aus anderen Institutionen.

Verbreitung durch den Minister für Wissenschaft und Kultur in Niedersachsen

Der Minister für Wissenschaft und Kultur kündigte auf der Abschlusstagung der Modellprojekte „Motivation von Frauen und Mädchen für ein Ingenieurstudium", Weser-Ems und „Technik zum Be-Greifen", Braunschweig an, den Leitfaden zur Organisation einer Sommerhochschule „allen Hochschulen zur Verfügung zu stellen" (Kosuch u.a. 2000, Podiumsdiskussion, S. 102). Einige Wochen später informierte er die Hochschulen in einem Erlass über den Leitfaden und forderte dazu auf, auch darauf zurückzugreifen ihn zu nutzen.

Empfehlungen zum Ingenieurstudium des Arbeitskreises „Schule-Hochschule" in Niedersachsen

Zur Verbesserung des Zusammenwirkens an den Schnittstellen Schule-Hochschule und Hochschule-Arbeitswelt haben das Kultusministerium und das Ministerium für Wissenschaft und Kultur im November 1998 den „Arbeitskreis Schule/Hochschule" gegründet, in den neben VertreterInnen der genannten Institutionen und Ministerien auch Entscheidungsträger aus der Wirtschaft einbezogen wurden. Dieser Arbeitskreis erarbeitete im Lauf eines Jahres die „Empfehlungen zum Ingenieurstudium", die auch auf die Expertise des Modellvorhabens verweisen. Unter der Überschrift „Lokale Netzwerke" enden die Empfehlungen:

„Als Beispiele für die regionale Vernetzung zur Förderung der Studienwahl im technischen Bereich können die beiden vom Ministerium für Wissenschaft und Kultur geförderten Modellprojekte „Motivation von Frauen und Mädchen für ein Ingenieurstudium" (Fachhochschulen der Weser-Ems) und „Technik zum Be-Greifen" (TU Braunschweig) genannt werden. Über einen Zeitraum von sechs Jahren wurden wirksame Interventionen bezogen auf alle Phasen des beruflichen Werdegangs entwickelt und implementiert (...). Auf die damit verbundene jahrelange Erfahrung beim Aufbau der notwendigen Netzwerke an den Schnittstellen Schule-Hochschule-Wirtschaft kann zurückgegriffen werden." (Arbeitskreis Schule-Hochschule, 1999).

Verbreitung des Leitfadens über die Sachverständigenkommission des Wissenschaftlichen Sekretariats für die Studienreform im Land Nordrhein-Westfalen

Auf den Leitfaden Bezug genommen wurde bei den Beratungen der Sachverständigenkommission SatiF „Steigerung der Attraktivität ingenieurwissenschaftlicher Studiengänge für Frauen". Er wurde explizit in die Empfehlungen der Kommission „Ingenieurinnen erwünscht!" aufgenommen. Auf Seite 41, im Kapitel „Maßnahmenkatalog: Was können die Hochschulen tun" ist in einer Fußnote zu lesen: „Für Hochschulen, die ein Schnupper-Studium für Schülerinnen einführen möchten, sei insbesondere auf den „Leitfaden zur Organisation der Sommerhochschule für Oberstufenschülerinnen" der Arbeitsgruppe Sommerhochschule des Modellvorhabens „Motivation von Frauen und Mädchen für ein Ingenieurstudium" hingewiesen. (FH Oldenburg, FH Ostfriesland, FH Osnabrück)" (siehe 4.3.6).

Verbreitung des Leitfadens über ein Internetportal in Baden-Württemberg

Auf dem Webserver des Netzwerks „Frauen.Innovation.Technik" Baden-Württemberg (www.netzwerk-fit.de) wird auf den Leitfaden verwiesen. Das Netzwerk besteht seit Februar 2001 und wird über insgesamt drei Jahre vom Ministerium für Wissenschaft, Forschung und Kunst Baden-Württemberg gefördert. Kooperationspartnerinnen sind die Landeskonferenzen der Frauenbeauftragten an Hochschulen. Die Webseiten sind eine Form des Wissensmanagement zur professionellen Unterstützung der Frauenbeauftragten und stellen inzwischen das zentrale Internetportal zum Thema Förderung von Frauen in technischen Studiengängen für Baden-Württemberg und darüber hinaus dar. Unter den Stichwort „Probestudientage" sind zum Beispiel alle Sommerhochschulen und Probestudientage des Bundeslandes aufgelistet.

Unter „Tipps und Tools" gibt es einen Baukasten, in den der Leitfaden Eingang gefunden hat und zwar auf zweierlei Weise, in einer Checkliste (siehe Abbildung 21) und als Empfehlung mit einer Kurzvorstellung und der Bestelladresse.

Abb. 21: Aus der Checkliste des Netzwerks Frauen.Innovation.Technik Baden-Württemberg zur Veranstaltung von Probestudientagen (http://www.netzwerk-fit.de/tools/index.htm) *(Hervorhebung durch R. K.)*

Erste Ideen
- Dauer und Umfang der Veranstaltung bestimmen
- Praxisbeispiele anschauen
- Veranstaltungscharakteristik festlegen
- Vorbereitungsgruppe gründen
- Wer hilft mit? (z.B. Studienberatung, Verwaltung, Asta, Alumni, Hiwis)

Erste Schritte
- *Leitfaden zur Organisation der Sommerhochschule bestellen*
- Termin mit Rektorat und Schulen abstimmen
- Konzeption, Charakter, Zielgruppe und Dauer der Veranstaltung
- Fachbereiche informieren und motivieren
- Finanzierung sichern
- Können HiWis eingestellt werden?
- Logo und Plakat entwerfen
- Programm erstellen

usw.

Verbreitung des Leitfadens in Österreich

Der Leitfaden liegt an der TU Graz vor, die in Kooperation mit der Montanuniversität Leoben und den Steirischen Fachhochschulen seit 1992 jedes Jahr im Februar „FIT-Schnuppertage" für Mädchen der siebten und achten Klasse durchführt. Diese Programm lässt sich von der Konzeption am ehesten mit den Mädchen-Technik-Tagen vergleichen (http://www.unileoben.ac.at/~stdekan/STUDIUM/ fit.htm).

Verbreitet wurde der Leitfaden in Österreich durch das Forschungsprojekt „Frauen-Technologie-Programm Villach" (1998-1999), das von den Professorinnen Dr. Larissa Krainer, Institut für Interdisziplinäre Forschung und Fortbildung (IFF) an der Universität Klagenfurt und Dr. Christine Wächter, Interuniversitäres Institut für Technik, Arbeit und Kultur der Universität Graz, Österreich, durchgeführt wurde (Wächter, 1999a; b; 2003). Ziel des Projektes war es, ein Maßnahmenpaket zur Erhöhung des Frauenanteils in hochqualifizierten technischen Berufen für die Region Villach zu erstellen, parallel zur Ansiedelung eines Elektronik-Technologieparks. Im Zusammenhang mit dem Projektzielen der Prüfung der Übertragbarkeit anderer „Best Practice Modelle" und der Erarbeitung eines Manuals zur Entwicklung und Implementierung eines auch auf andere österreichische Regionen oder Kommunen übertragbaren Maßnahmenpakets für ein Frauen-Technologie-Programm wird auch der Leitfaden empfohlen (ebd.), in der aktuellen Veröffentlichung als „eine sehr gute Unterstützung für die Planung, Durchführung und Evaluierung von Schülerinnen-Informationsveranstaltungen wie Schnupperstudium, Sommerhochschule o.ä." (ebd., 2003, S. 230, siehe auch 4.3.6).

4. Untersuchung zur Verbreitung und Nutzung des Leitfadens

Zur Frage der Verbreitung und der Nutzung des Leitfadens wurde eine Untersuchung durchgeführt, insbesondere um die folgenden Aspekte genauer zu beleuchten:

- Nachvollziehen der Verbreitung des Leitfadens
- Information über die NutzerInnen gewinnen („vergleichbar Handelnde" (siehe II 2.1) vs. andere NutzerInnen)
- Bewertung des Leitfadens hinsichtlich seiner Konzeption und seiner Nützlichkeit durch die NutzerInnen

Die Untersuchung wurde zudem genutzt, um Daten über die Verbreitung der Sommerhochschule in Deutschland zu erheben.

4.1 Anlage und Durchführung der Untersuchung

Für die Erhebung wurde die Form einer schriftlichen, nicht anonymen Befragung gewählt. Im Folgenden wird die Entwicklung des Befragungsinstruments vorgestellt.

4.1.1 Fragebogenentwicklung

Für die Erhebung wurde ein zweiseitiger Fragebogen entwickelt. Einführend wurde der Begriff „Sommerhochschule" definiert. Der Fragebogen bezieht sich auf die folgenden Themenkomplexe:

- seit wann, bzw. in welchen Jahren eine Sommerhochschule veranstaltet wurden und welche Zielgruppe angesprochen wurde
- Vorbilder für die Sommerhochschulveranstaltung
- Leitfadennutzung
- Koordination der Sommerhochschule
- Bewertung des Leitfadens
- sonstige Rückmeldungen und Kommentare

Am Schluss wurde die Bitte geäußert, anzugeben wer den Fragebogen ausgefüllt hat (Name, Hochschule/Institution und Telefonnummer für evt. Nachfragen). Die anonyme Rücksendung wurde aber zugleich explizit angeboten.

4.1.2 Ablauf der Befragung, Stichprobenbeschreibung und Rücklauf

Der Fragebogen wurde mit zwei zielgruppenbezogenen Anschreiben am 18.12.01 verschickt, die als Serienbrief möglichst mit persönlicher Ansprache formuliert waren. Beigefügt waren der Fragebogen, als Gedankenstütze das Inhaltsverzeichnis des Leitfadens und ein frankierter Rückumschlag. Der angegebene letzte Termin für die Rücksendung war der 31.01.02. Nach diesem Termin wurde einmalig telefonisch nachgehakt.

Angeschrieben wurden zum einen diejenigen, die den Leitfaden über das Projektbüro bezogen haben und zum anderen Hochschulen, die Sommerhochschulveranstaltungen durchführen und als mögliche BezieherInnen des Leitfadens in Frage kamen. Dazu wurde ein Internetrecherche über die Sommerhochschullandschaft und über ähnliche Interventionen für Schülerinnen und Schüler durchgeführt.

Auf der Liste der Bestelladressen befanden sich 55 Adressen. Weitere 39 Institutionen – vor allem Hochschulen – wurden als weitere mögliche NutzerInnen des Leitfadens angeschrieben (siehe Tabelle 45a und b).

Von 94 Stellen, die angeschrieben wurden kamen 44 Antworten. Das ist ein Rücklauf von 46,8 % (siehe Tabelle 46). Eine davon war eine Rückmeldung in Brieform, ohne die Beantwortung des Fragebogens. Zwei weitere bestellten den Leitfaden, sodass auch hier kein Fragebogen vorlag. 42 Fragebögen konnten in die Auswertung eingehen.

Tab. 45a: Bekannte BezieherInnen des Leitfadens (N=55)

	Anzahl
Hochschulen	33*
aus 121 HRK-Mitglieds-Fachhochschulen	20* (16,5%)
aus 82 HRK- Mitglieds-Universitäten	13* (16,9%)
Andere (Personen und Institutionen)	22
Verbände, Vereine	5
Privatadresse	3
Unternehmen, Firmen	3
Stadt und Regionalstellen	3
Forschungszentren	3**
Ministerien	2
Arbeitsamt	1
Buchhandlung	1
Journalistin	1
Gesamt	55

* aus 29 verschiedenen Hochschulen, da aus je zwei Fachhochschulen und Universitäten jeweils zwei Stellen den Leitfaden angefordert hatten.
** 1 davon in Österreich

Tab. 45b: Institutionen, die Sommerhochschulen oder ähnliche Veranstaltungen durchführen und als mögliche BezieherInnen des Leitfadens angeschrieben wurden (N=39)

	Anzahl
Hochschulen	37*
Fachhochschulen	14
Universitäten	23
Unternehmen Firma	1
Verein	1
Gesamt	39

*aus 34 verschiedenen Hochschulen, da in einer Hochschule drei verschiedene Stellen angeschrieben wurden

Auf die Hochschulen bezogen beträgt der Rücklauf sogar 63,5%. Von 63 verschiedenen Hochschulen, in denen insgesamt 70 Arbeitsbereiche oder Personen angeschrieben wurden, kam der Fragebogen aus 40 beantwortet zurück. Nur ein Fragebogen wurde anonym zurückgesandt.

Tab. 46: Rücklauf

	Anzahl	Rücklauf	Rücklauf Nachhaken	Insgesamt (%)
BezieherInnen des Leitfadens	55	18	3	21 (38,2)
Potentielle BezieherInnen des Leitfadens	39	22	1	23 (59,0)
Gesamt	94	38	4	44 (46,8)

4.2 Auswertungsmethoden

Auswertung basiert auf den Angaben aus den Fragebögen. Telefonische Nachfragen wurden insbesondere in den Fällen erforderlich, in denen die Zuordnung zur Kategorie „Sommerhochschule" gegenüber „Mädchen-Technik-Tagen" überprüft werden musste (vgl. 3.1 und II 5).

Insgesamt wurde mit Methoden der deskriptiven Statistik ausgewertet. Die im Rating eingeschätzten Aussagen wurden nach dem Grad der Zustimmung in eine Rangfolge gebracht. Dazu wurde bei der Auswertung vom Intervallskalenniveau ausgegangen, da sich die Einschätzungen in ein gleichabständiges, numerisches Relativ übertragen lassen (z.b. sehr häufig=3, häufig=2, selten=1, nie=0). Über die Häufigkeiten der Angaben der einzelnen Skalenwerte wurde der Mittelwert gebildet, die anschließend in eine absteigende Rangreihe gebracht wurden.

4.3 Ergebnisse

4.3.1 Veranstaltung von Sommerhochschulen in Deutschland

Die Antworten aus Hochschulen und Institutionen bezogen sich auf 40 Hochschulen - 31 davon veranstalten bereits Sommerhochschulen, sechs planen ihre erste Sommerhochschule zwischen 2002 und 2004 und bei einer Hochschule ist die Planung unbestimmt. Beteiligt an diesen bereits eingeführten und geplanten 37 Sommerhochschulveranstaltungen sind insgesamt 20 Fachhochschulen (eine davon an zwei Standorten) und 24 Universitäten. Die höhere Summe kommt dadurch zustanden, dass einige Universitäten und Fachhochschulen die Veranstaltung gemeinsam anbieten. Außerdem koordinieren zwei Organisationseinheiten jeweils für ihr Bundesland (Thüringen und Brandenburg), die Sommerhochschulen, die jedes Jahr an anderen Hochschulen veranstaltet werden.

Tab. 47: Zielgruppen der Sommerhochschul-Veranstaltung (N= 37)

ab Klasse 7/8	3
ab Klasse 9	3
ab Klasse 10	13
ab Klasse 11	12
ab Klasse 12	2
Keine Angaben*	4
Gesamt	37

* nur Hochschulen mit Sommerhochschule in Planung

Wie Tabelle 47 zeigt, machen 33 Personen aus Institutionen, die bereits Veranstalterinnen einer Sommerhochschule sind oder diese konkret planen, Angaben zur Zielgruppe ihrer Veranstaltungen. Interessant ist daran, dass mehr als die Hälfte sich an Schülerinnen richten, die noch vor der Leitungskurswahl stehen (19 gegenüber 14). Drei Sommerhochschulen richten sich sogar an Schülerinnen der Klassen 7 und 8.

Vier der Veranstaltungen sind koedukativ, eine noch in der Planungsphase befindliche wird ebenfalls koedukativ sein. Zwei davon hatten eine Frauenquote, eine von ca. 90% und eine von 50%. Eine Hochschule hat einmalig die Veranstaltung koedukativ durchgeführt mit einer Frauenquote von mindestens 50%, diese Form aber wieder verworfen. Eine weitere bietet ab 2002 die Sommerhochschulveranstaltung zweimal im Jahr an, einmal koedukativ und einmal nur für junge Frauen.

Weitere Ergebnisse zur Verbreitung der Sommerhochschule finden sich in Kapitel II 5.

4.3.2 Koordination der Sommerhochschulveranstaltung

Tabelle 48 gibt einen Überblick über die Zugehörigkeit der KoordinatorInnen zu verschiedenen Einheiten und Arbeitsbereichen, nicht jedoch über die Zugehörigkeit zur Hochschule, in der die Sommerhochschule stattfindet. Zu den KoordinatorInnen und Koordinationsteams gehören inzwischen mit 28 Nennungen schon weniger Personen aus der institutionalisierten Frauenförderung als aus Fachbereichen, Studienberatung, Öffentlichkeitsarbeit und anderen Bereichen mit 30 Nennungen. Das ist im Hinblick auf Gender Mainstreaming eine wünschenswerte Tendenz. Tabelle 7 lässt darauf schließen, dass sieben Koordinatorinnen von außerhalb der Hochschule kommen, zwei davon von anderen Hochschulen (II 4.3.4.1).

Tab. 48: Koordination der Sommerhochschulveranstaltung (Mehrfachnennungen)(N=36)

Frauenbeauftragte	17
Frauenbüro	11
Professorenschaft	6
Fachbereich	10*
Studienberatung	7
Presse- und Öffentlichkeitsarbeit	3**
Sonstige	5***
Gesamt	59

*eine davon aus dem Fachbereich Erziehungswissenschaft
** Projekt [...], das dort angesiedelt ist
***Frauenförderprojekt, Serviceeinrichtung Akademisches Zentrum für Studium und Beruf, Kompetenzzentrum, Unternehmerin mit 2 Töchtern, Absolventin der Sozialwissenschaften

Wie sich die Koordinationsteams zusammensetzen und welche Rolle dabei die Frauenbeauftragten und Frauenbüros spielen, zeigt Tabelle 49. Das Ergebnis ist ebenfalls im Hinblick auf Ziele des Gender Mainstreamings interessant.

Vorbereitungsteams ohne Frauenbeauftragte und Frauenbüros koordinieren inzwischen gut ein Drittel der Veranstaltungen.

Tab. 49: Koordinationsteams der Sommerhochschule unter Berücksichtigung der institutionalisierten Frauenförderung

	Sommerhochschule	Sommerhochschule in Planung (Stand: 2001)	Summe
Nur Frauenbeauftragte und/oder Frauenbüro	7	1	8
Frauenbeauftragte und/oder Frauenbüro mit anderen	7	3	10
Ohne Frauenbeauftragte und/oder Frauenbüro	9	2	11
Keine Angabe	8	-	8
Summe	**31**	**6**	**37**

4.3.3 Vorbilder der Sommerhochschulveranstaltung

Um mehr über konkrete Disseminationsprozesse zu erfahren, wurde im Fragebogen darum gebeten, Vorbilder für die eigene Sommerhochschulveranstaltung zu nennen. Von den 37 in Fragen kommenden Personen bzw. Institutionen gaben 11 ein Vorbild für die Sommerhochschulveranstaltung an. Das sind 30 %.

Dreimal genannt wurden die Sommerhochschulen aus Oldenburg, Ostfriesland und Osnabrück, die im Rahmen des Modellvorhabens „Motivation von Frauen und Mädchen für ein Ingenieurstudium" veranstaltet wurden. Zweimal wurde die Hochschule in Essen genannt, wo die Bundesweite Sommeruniversität veranstaltet wird, die es zuvor nur in Duisburg gab. Einmal genannt wurden jeweils die FHTW Berlin, die Universität Braunschweig und die Universität Karlsruhe mit ihren Schülerinnen-Technik-Tagen, die Sommerhochschulveranstaltungen in Bielefeld und Wismar sowie das Fraunhofer Institut.

Von den elf Nennungen handelt es sich um drei Mädchen-Technik-Tage, ein weiterer Hinweis darauf, dass die Abgrenzung zwischen beiden Veranstaltungstypen nicht eindeutig ist.

Die beiden mehrfach genannten Veranstaltungen, die Bundesweite Sommeruniversität (zuvor Duisburg, jetzt Essen) und die Sommerhochschulen im Rahmen des Modellvorhabens „Motivation von Frauen und Mädchen für ein Ingenieurstudium" sind zugleich diejenigen, die die Sommerhochschule für ihren jeweiligen Hochschultyp als erste veranstaltet haben. Mit fünf von elf Nennungen sind das knapp die Hälfte aller Vorbilder. Eine Nennung der Bundesweiten Sommeruniversität geht dabei wiederum auf das Modellvorhaben zurück.

Trotz der kleinen Stichprobe kann dies als Hinweis dafür genommen werden, dass die Verbreitung der Sommerhochschulen an deutschen Hochschulen tatsächlich von diesen beiden „Urformen" ausgegangen ist. Ergebnisse aus dem Modellvorhaben zur Verbreitung der Sommerhochschule in Niedersachsen unterstützen dies (siehe 3.1).

4.3.4 Nutzung des Leitfadens

Zunächst wurde erhoben, ob der Leitfaden bekannt ist und ob er in der Institution vorliegt. In 27 Institutionen oder Arbeitsbereichen ist der Leitfaden bekannt (61,4%). Zwei machen an dieser Stelle keine Angaben. In 26 Institutionen oder Arbeitsbereichen liegt der Leitfaden vor. Sechs können zu dieser Frage keine Angaben machen. Die Befragung hat dazu geführt, dass der Leitfaden noch vier mal angefordert wurde.

4.3.4.1 Zugehörigkeit der NutzerInnen zu den Zielgruppen des Leitfadens

Der Leitfaden richtet sich in erster Linie an drei Zielgruppen, die sich im Grad der Erfahrung mit der Sommerhochschule unterscheiden: naturwissenschaftlich-technische Fachbereiche, bzw. Hochschulen mit solchen Fachbereichen, die zum ersten Mal eine solche Veranstaltung organisieren wollten, auf diesem Gebiet bereits erfahrene Hochschulen, die die Sommerhochschule oder ähnliche Veranstaltungen bereits durchgeführt haben sowie an VeranstalterInnen von Sommerhochschulen, die zum ersten Mal die Koordination einer solchen Veranstaltung an der Hochschule übernommen haben. Im ersten und im letzten Fall wäre ein Disseminationsprozess unterstützend, im zweiten Fall könnte der Leitfaden bei der Optimierung der Planung und Durchführung helfen.

Um genauer zu erfahren, welcher dieser drei Zielgruppen in welchem Ausmaß erreicht werden konnten, wurden die Befragten gebeten, sich einer oder mehrerer dieser drei Kategorien zuzuordnen, bzw. ihren institutionellen Hintergrund dann zu benennen, wenn sie von außerhalb der Hochschule aus koordinierend tätig sind. Tabelle 50 gibt Auskunft über die Antworten derjenigen, die den Leitfaden vorliegen haben (N=26).

Der Leitfaden liegt in vergleichbarem Ausmaß bei allem drei Gruppen der Erst- und MehrfachveranstalterInnen vor. Betrachtet man nur die NutzerInnen („sehr häufig" bis „selten", N=22), so bestätigt sich diese Tendenz.

Tab. 50: LeitfadenbesitzerInnen nach Erfahrung mit Sommerhochschulveranstaltungen, Häufigkeiten bei Mehrfachnennungen (N=26)

Naturwissenschaftlich - technische **Fachbereiche**, bzw. **Hochschulen** mit solchen Fachbereichen, die zum **ersten Mal** eine solche Veranstaltung organisieren wollten	8
Auf diesem Gebiet **bereits erfahrene Hochschulen**, die die Sommerhochschule oder ähnliche Veranstaltungen bereits durchgeführt hatten.	9
VeranstalterInnen **von Sommerhochschulen, die zum** ersten Mal die Koordination **einer solchen Veranstaltung an der Hochschule übernommen hatten.**	9
Sonstige	7*

*Regionalstelle Frauen und Beruf in Zusammenarbeit mit FH, regionale Planungsverbände, Frauenbeauftragte und Ingenieurin (Uni) für eine Fachhochschule, Frauenbeauftragte, [Bundesland]-weites Projekt mit Hochschul-Kooperationsverträgen, Unternehmerinnennetzwerk arbeitet in Koordination mit anderen, Koodinierungsstelle

4.3.4.2 Art der Nutzung

12 Personen oder Arbeitsbereiche haben den Leitfaden „sehr häufig" oder „häufig" genutzt, das sind 46 Prozent derjenigen, die den Leitfaden vorliegen haben (Tabelle 51a). Sechs davon haben in ähnlicher Häufigkeit auch mit anderen unterstützenden Materialien gearbeitet. Nach der konkreten Nutzung gefragt, antworten nur noch fünf, dass sie häufig mit dem Leitfaden gearbeitet haben. Nur ein Drittel hat auf die Fragebögen zur Begleitforschung zurückgegriffen (Tabelle 51b).

Eine Erklärung dafür findet sich in Tabelle 52. Der Leitfaden wurde nämlich vor allem als Ideenlieferant und als Planungshilfe genutzt, erst in dritter Linie als Anleitung zur Durchführung. Auch die Texte in elektronischer Form wurden sehr wenig genutzt (siehe Tabelle 51b). Sechs Personen oder Arbeitsbereiche haben offensichtlich nie auf den Leitfaden zurückgegriffen (eine Person der Kategorie „nie" und alle fünf, die diese Frage nicht beantwortet haben). Auch eine Person, die den Leitfaden besitzt, ihn aber bisher nicht genutzt hat, beteiligt sich an der Einschätzung des Leitfadens daher ist der Stichprobenumfang N= 27.

Tab. 51a: Häufigkeitsverteilung der Einschätzungen im Rating verschiedener Aussagen, Rangfolge nach Grad der Zustimmung

N=26	sehr häufig	häufig	selten	nie	k.A.	Mittelwert
Ich/Wir/Die durchführende Stelle hat/haben mit dem Leitfaden gearbeitet	4	8	9	2*	3	1,6
Ich/Wir/Die durchführende Stelle hat/haben mit anderen unterstützenden Materialien gearbeitet.	1	5	6	5	9	1,1
Bei der Entwurfsarbeit wurden die Texte genutzt (z.B. Anschreiben, Anmeldebestätigung, Dankschreiben, Einladung, Honorarrechnung, Versicherung, Vorankündigung, Kostenermittlung, Werbung)	0	5	5	7	9	0,9

*Anmerkung aus einer Hochschule „aber als Anregung, Vorbild" genutzt

Tab. 51b: Nutzung verschiedener Materialien

N=26	Ja	Nein	Teilweise	k.A.
Texte aus dem Leitfaden liegen in elektronischer Form vor (Exceldateien)	2	24	0	0
Für die Begleitforschung/Evaluation wurde auf die Fragebögen aus dem Leitfaden zurückgegriffen.	6	19	1	0

Tab. 52: Häufigkeitsverteilung der Einschätzungen im Rating verschiedener Aussagen, Rangfolge nach Grad der Zustimmung

N=27	stimmt vollkommen (3)	stimmt eher (2)	stimmt eher nicht (1)	stimmt gar nicht (0)	Keine Angaben*	Mittelwert
als Ideenlieferant	13	8	0	0	6	2,6
als Planungshilfe	12	8	1	0	6	2,5
als Anleitung zur Durchführung	7	11	3	0	6	2,2
als „Beweis für die Machbarkeit" bei der Überzeugungsarbeit an der Hochschule	8	5	3	4	7	1,9
als Entscheidungsgrundlage für oder gegen die Veranstaltung	5	5	6	3	8	1,6
Beim Einwerben von „Drittmitteln" bzw. Gewinnen von Sponsoren	0	3	10	5	9	0,9
Sonstiges (2 Angaben)	• Ideengeber • sehr guter und durchdachter Leitfaden, leider fehlt es uns zur Zeit an Arbeitskräften, um damit zu arbeiten					

* Sechs davon haben nie mit dem Leitfaden gearbeitet und beantworten diese Frage deshalb nicht

Beinahe alle, die mit dem Leitfaden gearbeitet haben (N=22), bestätigen ihm die Funktion des Ideenlieferanten. 21 Mal wurde der Aussage vollkommen oder eher zugestimmt. 20 von 22 NutzerInnen stimmen auch der Aussage vollkommen oder eingeschränkt zu, der Leitfaden stelle eine Planungshilfe dar. Als Anleitung zur Durchführung sehen ihn noch 18 Personen, hier überwiegt jedoch der Anteil derjenigen, die das nur eingeschränkt so sehen.

Bei den ersten fünf der sechs Aussagen überwiegt der Anteil derjenigen, die der Aussage (eher) zustimmen. Nur bei der Aussage „Beim Einwerben von „Drittmitteln" bzw. Gewinnen von Sponsoren" überwiegt der Anteil derjenigen, die die Aussage ablehnen mit 15 gegenüber drei, die der Aussage eher zustimmen. Der Leitfaden wurde also auch als „Beweis für die Machbarkeit" bei der Überzeugungsarbeit an der Hochschule und als Entscheidungsgrundlage für oder gegen die Veranstaltung genutzt, wenn auch deutlich seltener.

Wie setzen sich nun die Koordinationsteams derjenigen zusammen, die mit dem Leitfaden sehr häufig und häufig gearbeitet haben? Von den zwölf koordinieren drei ohne Frauenbeauftragte oder Frauenbüro, sechs sind gemischte Teams und eine Sommerhochschule wird nur von Frauenbeauftragter bzw. Frauenbüro koordiniert (k. A.= 2). Daraus lässt sich nun vorsichtig schlussfolgern, dass der Leitfaden über die Frauenbüros hinaus seinen Weg zu anderen NutzerInnen gefunden hat, ganz so, wie es von den Autorinnen geplant war.

Auf einer Landkarte dargestellt, stellt sich die Nutzungsintensität wie folgt dar (Abbildung 22).

Abbildung 22:

4.3.5 Bewertung des Leitfadens

23 der 27 BesitzerInnen eines Leitfadens sahen sich in der Lage, diesen auch zu bewerten. „Bitte benoten Sie die folgenden Bestandteile des Leitfadens mit Hilfe der klassischen Schulzensuren (1 bis 6, sehr gut bis ungenügend)" lautete die Anleitung (Tabelle 53).

Tab. 53: Bewertung des Leitfadens anhand der klassischen Schulzensuren (1 bis 6, sehr gut bis ungenügend)

	Mittelwert	Anzahl der Antworten
Aufbau/Gliederung des Leitfadens	1,3	(N=23)
Konzeption des Leitfadens	1,5	(N=22)
Nützlichkeit der vermittelten Erfahrung	1,8	(N=22)
Zeitplan am Ende des Leitfadens	1,9	(N=23)
Materialien zum Kopieren, Anpassen und/oder Weiterentwickeln	2,0	(N=21)
Leitfaden insgesamt	1,5	(N= 23)

Der Leitfaden wurde insgesamt mit gut bis sehr gut bewertet. Aufbau und Konzeption bekamen die besten Noten, Zeitplan und Materialien wurden im Vergleich weniger positiv bewertet.

4.3.5.1 Unzulänglichkeiten des Leitfadens

„Was hat Ihnen an dem vorliegenden Leitfaden gefehlt?" - so lautete die Untersuchungsfrage. Nur vier Personen gaben darauf eine Antwort:

- Evtl. die Schilderung, wie bestimmte Hürden/Stolpersteine überwunden werden, z.B. in der Zusammenarbeit mit der Schulen. Viele sind sehr stur.
- Sponsorenwerbehilfe
- Nichts, außer der ZEIT ihn durchzuarbeiten bzw. anzusehen.
- Bisher nichts!

4.3.5.2 Positive und negative Rückmeldungen zum Leitfaden

Auf die Frage „Was bemängeln Sie besonders am Leitfaden?" gab es eine Antwort:

- Schriftformatierung (Arial + Times gemischt), ist aber nicht wirklich schlimm

Die 16 Antworten auf die Frage „Was finden Sie besonders gut daran?" werden im Folgenden kategorisiert aufgelistet.

Anwendbarkeit als Orientierungshilfe und Planungsanleitung (6x)

- als Orientierungshilfe und Planungsanleitung sehr hilfreich - besonders wenn man eine ähnliche Veranstaltung erstmalig plant (Checklisten, Vollständigkeit): PRIMA.
- sehr gut anwendbar für NeueinsteigerInnen!
- sehr brauchbar, finde ich
- tolle Orientierungshilfe
- sehr praxisbezogen (2x)

Aufbau und Struktur (5x)
- Methodik
- klar gegliedert, sehr ausführlich
- sehr gut strukturiert/ gut um Ideen zu finden/ gut um genau gleiches Modell zu machen
- handliche Aufbereitung zur weiteren Nutzung (also kein Buch, aus dem Kopien erforderlich sind; sondern herausnehmbare 14 Seiten) ist sehr, sehr gut! (Außerdem ist so Platz für eigene Kommentare!)
- Übersichtlichkeit

Bereitgestellte Materialien (5x)
- die zahlreichen Leitfäden und die Organisationshilfen
- Leitfaden zur Organisation
- die Checklisten und die Vorlagen
- Fragebögen
- gut strukturiert ausgearbeitete Vorlagen/ enthält alles Wesentliche

Optische Gestaltung (4x)
- optische Gestaltung (sehr leserinnen-freundlich)
- „liebevoll" gestaltet
- Typografie
- Layout

Die Idee (2x)
- grundsätzlich vorbildliche Idee
- die Genehmigung zum „Abschreiben"

Das Kapitel „Rahmenbedingungen und Ziele" (1x)

Rund ein Drittel beantwortete die offene Frage. Positive Bemerkungen zur Anwendbarkeit als Orientierungshilfe und Planungsanleitung werden am häufigsten gemacht.

4.3.6 Sonstige Rückmeldungen und Kommentare

Insgesamt wurden 14 Kommentare gemacht.

Leitfadenkonzeption zur Übertragung auf andere Bereiche:

- Uns erschien beim Kauf der Leitfaden besonders **beispielhaft und vorbildhaft für die Erstellung von Handreichungen** für Schulen zur Studienwahlentscheidung. Besonders gefiel uns die graphische Gestaltung, der Aufbau/ Gliederung, sowie die praktische Umsetzung. Leider fehlte das Geld, den Leitfaden so perfekt zu realisieren. Dennoch war Ihre Anregung ausgesprochen hilfreich. Vielen Dank!

Anmerkungen zum Disseminationsgedanken

- Ich finde es sehr lobenswert die Planungsgrundlagen einer solchen Veranstaltung öffentlich zu machen und **„Abgucken" explizit zu wünschen!** Außerdem habe ich von Fr. Zimmermann (der Verwaltungsmitarbeiterin des Projektes, Anmerkung R.K.) zusätzliche mündliche Detail-Infos bekommen, die sehr hilfreich waren! Vielen Dank.

- Schön, dass Offenheit besteht eigene Infos an alle weiterzugeben.

Zitate zur Art der Nutzung

- Ich habe bisher nicht nach dem Leitfaden gearbeitet, da unsere Veranstaltung schon früher existierte und ein festes, etwas abweichendes Konzept hat. Ich werde aber wahrscheinlich **auf die Argumente im Teil „Rahmenbedingungen"** bei Erstellung einer Auswertungsbroschüre **zurückgreifen**.

- Obwohl die eigene Veranstaltung letztendlich einen eigenen Organisationsablauf entwickelt hat, war der Leitfaden **als Planungshilfe** sehr wertvoll u. liefert auch im nachhinein **Verbesserungsvorschläge**.

- Wir bieten einen Schülerinnen-Technik TAG seit 9 Jahren und nutzen Ihren Leitfaden als Vergleich zur Planung (suche nach Verbesserungs- Optimierungsmöglichkeiten). Sollten wir in Zukunft eine mehrtägige Veranstaltung organisieren, dann ist Ihre „Oevre" sehr hilfreich.

Zitate zur Bewertung des Leitfadens

- Ich finde den Leitfaden noch immer SUPER!!

- Ich gratuliere Ihnen zu so einem gelungenen Leitfaden! Er war mir [...] eine sehr große Hilfe.

Weiterverbreitung des Leitfadens (siehe auch 3.3)

- Wie arbeiten nicht direkt mit dem Leitfaden, empfehlen ihn aber weiter auf unserer Website www.netzwerk-fit.de.

- Habe den Leitfaden [...] im Endbericht zum Frauen-Technologie-Programm Villach empfohlen und das Inhaltsverzeichnis in den Anhang aufgenommen.

- Der „Leitfaden zur Organisation der Sommerhochschule für Oberstufenschülerinnen" der Fachhochschulen Oldenburg, Osnabrück und Ostfriesland hat Eingang gefunden in die Beratungen der Sachverständigenkommission SatiF „Steigerung der Attraktivität ingenieurwissenschaftlicher Studiengänge für Frauen" und wurde in den Empfehlungen der Kommission „Ingenieurinnen erwünscht!" explizit aufgenommen. Auf Seite 41, im Kapitel „Maßnahmenkatalog: Was können die Hochschulen tun" ist in einer Fußnote zu lesen: „Für Hochschulen, die ein Schnupper-Studium für Schülerinnen einführen möchten, sei insbesondere auf den „Leitfaden zur Organisation der Sommerhochschule für Oberstufenschülerinnen" der Arbeitsgruppe Sommerhochschule des Modellvorhabens „Motivation von Frauen und Mädchen für ein Ingenieurstudium" hingewiesen. (FH Oldenburg, FH Ostfriesland, FH Osnabrück)"

   Die Sachverständigenkommission hat mit der Verabschiedung der Empfehlungen ihre Arbeit Anfang des Jahres 2000 beendet. Die Empfehlungen sind als pdf-Dokument auf unseren Internet-Seiten abrufbar. (http://www.wss.nrw.de/Publikationen/Publi_GK.php)

   Bei Bedarf können wir Ihnen gedruckte Exemplare oder eine englischsprachige Fassung übersenden.

   Ich persönlich finde Ihren Leitfaden hervorragend, insbesondere die klare Strukturierung und die Ausrichtung auf potentielle Nutzer nach dem Motto „Abgucken erwünscht!" hat mir sehr gefallen. Auch die Berücksichtigung vieler zunächst vielleicht banal wirkender organisatorischer Fragen, die aber für eine gelungene Veranstaltung ebenso wichtig sind, wie das „hohe politische Ziel", trägt m. E. zur besonderen Qualität und Nutzbarkeit des Leitfadens bei. Für Ihre Bemühungen zur weiteren Verbreitung der Sommerhochschulidee wünsche ich Ihnen viel Erfolg." (Schreiben im Auftrag der Leitung des Wissenschaftlichen Sekretariats für die Studienreform im Land Nordrhein-Westfalen vom 23. 01.2002)

Weitere Anregungen

- Es wäre toll eine Liste von Ansprechpartnerinnen/Links zu haben, die Sommerhochschulen durchgeführt haben bzw. planen, zwecks Austausch.

Leitfadenbestellung auf die Befragung hin

- Obwohl ich den Leitfaden bisher nicht kenne, bin ich sehr daran interessiert. Ist es möglich, eine elektronische Fassung des aktualisierten Leitfadens zu erhalten?
- Habe den Leitfaden gerade angefordert!

Disseminationsprobleme

- Würde mich immer noch sehr über die von mir schon 3x angeforderten Excel-Dateien freuen! (Anmerkung der Autorin: Die Stelle der wissenschaftlichen Mitarbeiterin im Frauenbüro in Oldenburg, von wo aus die Leitfadenversendung koordiniert wurde, war eine Zeit lang unbesetzt.)

Begründungen, warum keine Sommerhochschule veranstaltet wird

- Zu Beginn meiner Tätigkeit als Grundsatzreferentin beim Verband Region [...] war geplant eine Veranstaltung durchzuführen, die darauf zielt den Frauenanteil bei technischen Studiengängen zu erhöhen. Da die Uni [...] in dieser Richtung aktiv ist, wurde von der Veranstaltung abgesehen. Beiliegendem Faltblatt können Sie unsere Aktivitäten in Sachen Frauenförderung entnehmen.
- An der FH [...] wurde keine Veranstaltung „Sommerhochschule" angeboten. Z. Zt. ist das Amt der Frauenbeauftragten, Fachbereich Technik nicht besetzt.
- Leider noch keine Umsetzung – im Herbst 2002 angedacht.

4.4 Zusammenfassung und Diskussion

An der Ende 2001, Anfang 2002 durchgeführt Untersuchung zur Verbreitung und Nutzung des Leitfadens beteiligten sich 44 Personen bzw. Institutionen. Das ist ein Rücklauf von 46,8%. Auf die angeschriebenen Hochschulen bezogen beträgt der Rücklauf sogar 63,5%.

31 Hochschulen veranstalten bereits Sommerhochschulen, sechs planen ihre erste Sommerhochschule zwischen 2002 und 2004. Beteiligt an diesen bereits eingeführten und geplanten 37 Sommerhochschulveranstaltungen sind insgesamt 20 Fachhochschulen (eine davon an zwei Standorten) und 24 Universitäten. Mehr als die Hälfte richten sich an Schülerinnen, die noch vor der Leitungskurswahl stehen. Drei Sommerhochschulen richten sich sogar an Schülerinnen der Klassen 7 und 8. Fünf geplante oder bestehende Sommerhochschulveranstaltungen sind oder waren zeitweise koedukativ.

Zu den KoordinatorInnen und Koordinationsteams gehören inzwischen weniger Personen aus der institutionalisierten Frauenförderung als aus Fachbereichen, Studienberatung, Öffentlichkeitsarbeit und anderen Bereichen. Das ist im Hinblick auf Gender Mainstreaming eine wünschenswerte Tendenz. Vorbereitungsteams ohne Frauenbeauftragte und Frauenbüros koordinieren inzwischen gut ein Drittel der Veranstaltungen.

Vorbilder für die eigene Veranstaltung wurden nur elf mal genannt, mehrfach genannt wurden die Sommerhochschulen aus dem Modellvorhaben „Motivation von Frauen und Mädchen für ein Ingenieurstudium" und die Bundesweite Sommerhochschule aus Duisburg (heute Essen). Da sie zugleich diejenigen sind, die die Sommerhochschule für Fachhochschule und Universität als erstes veranstaltet haben, kann dies als Hinweis dafür genommen werden, dass die Verbreitung der Sommerhochschulen an deutschen Hochschulen tatsächlich von diesen beiden „Urformen" ausgegangen ist.

61,4% der Befragten ist der Leitfaden bekannt. Er liegt in vergleichbarem Ausmaß bei allen drei Gruppen der Erst- und MehrfachveranstalterInnen vor. 22 Personen oder Arbeitsbereiche haben ihn in irgendeiner Form genutzt. Dabei bestätigen alle seine Nützlichkeit als Ideenlieferant. 46 Prozent der LeitfadenbesitzerInnen haben ihn mindestens „häufig" genutzt. Dazu gehört die institutionalisierte Frauenförderung ebenso wie andere Stellen, ganz so, wie es von den Autorinnen geplant war. Insgesamt wurde der Leitfaden am häufigsten als Ideenlieferant und als Planungshilfe genutzt, erst in dritter Linie als Anleitung zur Durchführung.

Der Leitfaden wurde insgesamt mit „gut" bis „sehr gut" bewertet. Aufbau und Konzeption bekamen die besten Noten, Zeitplan und Materialien wurden im Vergleich weniger positiv bewertet. Die positiven Rückmeldungen überwiegen deutlich. Die Anwendbarkeit als Orientierungshilfe und Planungsanleitung, Aufbau und Struktur, die bereitgestellte Materialien, die optische Gestaltung und die Idee an sich werden in der genannten Rangfolge mehrfach hervorgehoben. Auch die sonstigen Rückmeldungen und Kommentare sind positiv. Darunter finden z.B. sich Rückmeldungen zur Nutzung, z.B. als Anregung für die Erstellung von Handreichungen für ganz anderer Bereiche, und zum Disseminationsbestreben an sich.

Die Verbreitung und Nutzung in einer Gesamtbewertung einzuordnen, fällt schwer, da es keine vergleichbare Untersuchung gibt. Von 44 Personen bzw. Arbeitsbereichen kennen 27 den Leitfaden, aber fünf von sechs Hochschulen, die zum Zeitpunkt der Erhebung eine Sommerhochschule planten, hatten den Leitfaden vorliegen, drei davon arbeiteten sehr häufig oder häufig damit. Eine deutlichere Bewertung dieser Zahlen ist auf der Basis des folgenden Forschungsschritts möglich, nämlich der Darstellung der zeitlichen Ausbreitung der Sommerhochschulen in Deutschland.

5. Verbreitung der Sommerhochschulen für Schülerinnen im naturwissenschaftlich-technischen Bereich in Deutschland

Um einen Bezugsrahmen für die Ergebnisse der vorstehenden Untersuchung herzustellen, wurden eine Recherche zur Verbreitung der Sommerhochschule in Deutschland durchgeführt. Eingegangen sind darin zum einen die Antworten auf die Frage der vorstehenden Untersuchung, seit wann die Sommerhochschule in der eigenen Institution veranstaltet wird. Zum anderen wurde eine Internetrecherche durchgeführt. Das hat dazu geführt, dass unter ersterem auch Hochschulen aufgeführt sind, die ihre Veranstaltung der Kategorie Sommerhochschule zugerechnet haben, die im strengen Sinne der Definition in dieser Studie eher den Mädchen-Technik-Tagen zugerechnet werden müssten (RWTH Aachen, FH Wiesbaden).

Die Ergebnisse werden in den folgenden drei Tabellen und Graphiken dargelegt. In Tabelle 54 und graphisch aufbereitet in Abbildung 23 werden die Erstveranstaltungen nach Jahr und Hochschulart dargestellt. 1990 wurde die erste Vorform der Sommerhochschule an einer Universität veranstaltete (Duisburg). 1992 wurde dort die erste Bundesweite Sommerhochschule durchgeführt. Mit einer zeitlichen Verzögerung von vier bzw. zwei Jahren folgten zwei weitere Universitäten, im Jahr darauf vier weitere. 1995 veranstaltete die erste Fachhochschule eine Sommerhochschule (Oldenburg), im Jahr darauf kam zwei weitere hinzu. Bis zum Jahr 1999 hielt sich oder übertraf die Anzahl der neu hinzukommenden Veranstaltungen die des jeweiligen Vorjahres bis auf 7 Neuveranstaltungen pro Jahr. 1995 bis 1999 waren demnach die verbreitungsstärksten Jahre. Der Leitfaden zur Organisation einer Sommerhochschule für Oberstufenschülerinnen erschien Anfang 1999 also auf dem Höhepunkt und zugleich eher am Ende der großen Disseminationswelle. Seit dem hat sich die Anzahl der Erstveranstaltungen mit drei pro Jahr auf niedrigerem Niveau gehalten.

Tab. 54: Erstveranstaltungen von Sommerhochschulen (von 121 Universitäten und 82 Fachhochschulen in Deutschland der HRK im Jahre 2001)

Jahr	Universität	Fachhochschule	Gesamtzuwachs[#]
1990	1	0	1
1994	2	0*	2
1995	4	1	5
1996	3* (1**)	2	5
1997	5 (2**)	1	6
1998	5	2	6
1999	3	4	7
2000	1	2	3
2001	2	2	3
2002	1	2	3
Summe	**27**	**16**	**41**

[#] Gesamtsumme geringer als Einzelsummen, wenn Sommerhochschule ein gemeinsames Programm einer Fachhochschule und einer Universität ist.
* weniger als 4 Tage
** davon Anzahl der koedukativen Veranstaltungen

Abb. 23: Dissemination: Erstveranstaltungen von Sommerhochschulen in Deutschland

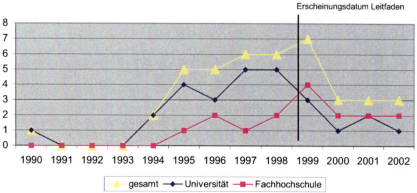

Zwischen 1995 und 2002 wurden 41 Erstveranstaltungen einer Sommerhochschule durchgeführt, 27 an Universitäten und 16 an Fachhochschulen. Die Koordinierungsstellen der Thüringer und der Brandenburger Hochschulen werden jeweils nur einmal gerechnet, da hier das gleich Konzept von Jahr zu Jahr an einer anderen Fachhochschule und Universität umgesetzt wird. Werden alle diese Hochschulen einbezogen, so sind es bei 44 Veranstaltern 53 Hochschulen, an denen Sommerhochschulen stattgefunden haben, 31 Universitäten und 22 Fachhochschulen. Das sind 26% aller 121 Universitäten der HRK und 27% aller 82 Fachhochschulen der HRK – 26% aller Mitgliedshochschulen.

Abbildung 24 zeigt die Verbreitung nach vier Zeitabschnitten auf einer Landkarte. Hier sind auch die Veranstaltungen markiert, die wegen der Kürze eher den Mädchen-Technik-Tagen zugerechnet werden müssten. Anhand der Karte wird sichtbar, dass sich die Sommerhochschule über die Jahre von West nach Ost ausgebreitet hat. Abbildung 25 ergänzt die graphische Aufbereitung der Daten um die Gegenüberstellung von Universitäten und Fachhochschulen, die an Sommerhochschulprogrammen beteiligt sind.

Abbildung 24:

Abbildung 25:

6. Zusammenfassung und Ausblick

Im Jahre 2002 - zehn Jahre nach der ersten Sommerhochschule und zwölf Jahre nach den ersten konzeptionellen Überlegungen an der Universität Duisburg - gab es insgesamt 44 VeranstalterInnen von 53 Sommerhochschulen. Ein Viertel aller deutschen Fachhochschulen und Universitäten haben die Sommerhochschule inzwischen als wiederkehrende Veranstaltung oder einmalig durch die Koordinierungsstelle des Bundeslandes durchgeführt. Wie dieser Verbreitungsprozess gelaufen ist, kann diese Studie nur in Ansätzen zeigen. Er verlief von Universität zu Fachhochschule und vom Westen nach Osten Deutschlands.

Der „Leitfaden zur Organisation einer Sommerhochschule für Oberstufenschülerinnen" ist auf dem Höhepunkt der Disseminationswelle erschienen, ist also selbst kein Motor dieser Verbreitung. Diese ist auf anderem Wege gelaufen, es gibt aber Hinweise, dass die beiden ersten Veranstaltungen an Universität (Duisburg) und Fachhochschule (Oldenburg) Bezugspunkte für die Ausbreitung waren. Außerdem zeigt die Untersuchung, dass immerhin an fünf von sechs Hochschulen, die zum Zeitpunkt der Erhebung eine Sommerhochschule planten, der Leitfaden vorlag, an drei davon sehr häufig oder häufig damit gearbeitet wurde. Dies ist zumindest ein Hinweis darauf, dass der Leitfaden auch der Dissemination dient.

Erst- und Wiederveranstalter nutzen den Leitfaden in vergleichbarem Umfang, ebenso wie ErstkoordinatorInnen aus Hochschulen, die die Sommerhochschule bereits eingerichtet haben. Daraus kann geschlossen werden, dass die Funktion des Leitfadens auch in der Optimierung von Veranstaltungen liegt. Diese Vermutung wird auch durch die Art der Nutzung - nämlich am häufigsten als Ideenlieferant - gestützt. Zudem ist der Leitfaden auch dann nützlich, wenn ein Disseminationsprozess innerhalb einer sommerhochschulerfahrenen Institution in Gang gesetzt werden muss, wie es beim Wechsel von KoordinatorInnen der Fall ist.

Von 42 Befragten kennen 27 den Leitfaden, 26 Institutionen oder Personen besitzen ihn, 22 haben ihn in irgendeiner Weise genutzt, 12 sehr häufig oder häufig. Die Befragung hat nicht alle erreicht, aber angesichts der Daten zu den Sommerhochschulveranstaltungen in Durchführung und Planung in Deutschland (s.o.) erscheint der Verbreitungsgrad groß.

Zur Verbreitung des Leitfadens beigetragen haben auch das Ministerium für Wissenschaft und Kultur sowie das Kultusministerium in Niedersachsen, die Sachverständigenkommission des Wissenschaftlichen Sekretariats für die Studienreform im Land Nordrhein-Westfalen, das Internetportal des Netzwerks „Frauen.Innovation.Technik" in Baden-Württemberg sowie das Forschungsprojekt „Frauen-Technologie-Programm Villach" in Österreich.

Der Leitfaden ist nicht nur in Hochschulen vorhanden. Immerhin 31% der bekannten BezieherInnen des Leitfadens kamen aus anderen Institutionen. Einzelne Rückmeldungen in der Befragung zeigen, dass über den Leitfaden auch die Idee der Dissemination durch dieses Instrument verbreitet wurde und Leitfäden nun auch für andere Bereiche entwickelt werden.

Die Rückmeldungen von den NutzerInnen des Leitfadens und die Beschäftigung mit dem Thema „Dissemination" im Rahmen dieser Studie haben zu einer Neueinschätzung von Disseminationsprozessen in Modellprojekten geführt. Modellversuche zur Förderung der Teilhabe von Frauen an hochqualifizierten Berufen in Naturwissenschaft und Technik sollte zukünftig nicht nur für die Implementation der Innovation sorgen und den Transfer gewährleisten, sondern den aktiven Disseminationsauftrag erhalten, um nachhaltiger zu wirken.

Angesichts der Ressourcenknappheit im Bildungsbereich und der sicherlich auch aus diesem Grunde gestiegenen Ansprüche an die Nachhaltigkeit von erprobten Innovationen, sollte der Transfer zukünftig explizit und aktiv im Rahmen von Modellprojekten und Forschungsaufträgen betrieben werden. Vorgeschlagen werden soll an dieser Stelle eine Phase von Modellprojekten, deren explizite, zentrale und ggf. sogar alleinige Aufgabe es ist, das bereits vorhandene Wissen über Ursachen und Veränderungsstrategien der geringen Präsenz von Frauen im naturwissenschaftlich-technischen Bereich aktiv zu disseminieren und dabei auf die Handlungskompetenz wichtiger Akteure abzuzielen (z.B. Elternhaus, Hochschullehre, Personalauswahl, Verbandsarbeit). Zudem sollten neue Zielgruppen für die Dissemination erschlossen werden - insbesondere aus dem Kreis derjenigen, die im Alltag eine nicht zu unterschätzenden Einfluss auf Berufsorientierung und Ausbildungserfolg von jungen Frauen im naturwissenschaftlich-technischen Bereich haben.

Der Wissensstand über förderliche und hinderliche Einflüsse auf den Prozess der Studienwahl, des Einstiegs, Verbleibs, Wiedereinstiegs und Aufstiegs von Frauen im naturwissenschaftlich-technischen Bereich ist inzwischen recht groß. Mit dem Auftrag der aktiven Dissemination können Methoden entwickelt und erprobt werden, mit denen der Stand unserer heutigen Kenntnis und Kompetenzen besser verteilt und verankert wird. Bei der Entwicklung wirksamer Strategiekonzeptionen sollte auch auf die Ergebnisse der Bildungsforschung und der Medizin zurückgegriffen werden.

7. Literatur

Abel. J. (2002). Kurswahl aus Interesse? *Die Deutsche Schule, 94 (2)*, 192-203.

Arbeitsgruppe Sommerhochschule des Modellvorhabens „Motivation von Frauen und Mädchen für ein Ingenieurstudium" (Hrsg.). (1999). *Leitfaden zur Organisation einer Sommerhochschule für Oberstufenschülerinnen*. Oldenburg: Fachhochschule Oldenburg.

Arbeitskreis Schule - Hochschule (Hrsg.) (1999). *Empfehlungen zum Studium der Ingenieurwissenschaften*. Hannover: Kultusministerium & Minsterium für Wissenschaft und Kultur.

Bandura A. (1977). Self-efficacy: Toward a Unifying Theory of Behavioral Change. *Psychological Review, 84 (2)*, 191-215.

Bandura, A., Adams, N. E., Hardy, A. B., & Howells, G. N. (1980). Tests of the generality of self-efficacy theory. *Cognitive Therapy and Research, 4*, 39-66.

Bandura, A. & Wood, R. (1989). Effect of perceived controllability and performance standards on self-regulation of complex decision making. *Journal of Personality and Social Psychology, 56*, 805-814.

Bandura, A. & Jourden, F. J. (1991). Self-regulatory mechanisms governing the impact of social comparison on complex decision making. *Journal of Personality and Social Psychology, 60*, 941-951.

Bandura, A. (1995). Exercise of personal and collective efficacy in changing societies. In A. Bandura (Hrsg.), *Self-efficacy in changing societies* (S. 1-45). New York: Cambridge University Press.

Bandura, A. (Hrsg.) (1995). *Self-efficacy in changing societies*. New York: Cambridge University Press.

Bandura, A. (1998). *Self-efficacy: The exercise of control*. New York: Freeman.

Beermann, L., Heller, K. A. & Menacher, P.(1992). *Mathe: nichts für Mädchen? Begabung und Geschlecht am Beispiel von Mathematik, Naturwissenschaft und Technik*. Bern: Huber.

Behnke, A. (1999). *Bundesweite Sommeruniversität für Frauen in Naturwissenschaft und Technik 1999, Dokumentation*. Duisburg: Gerhard-Mercator-Universität Duisburg, Akademisches Zentrum für Studium und Beruf AkZent.

Betz, N.E. & Hackett, G. (1981). The Relationship of Career-Related Self-Efficacy Expectations to Perceived Career Options in College Women and Men. *Journal of Counseling Psychology, 28 (5)*, 399-410.

Betz, N. E. & Hackett, G. (1983). The relationship of mathematics self-efficacy expectations to the selection of science-based college majors. *Journal of Vocational Behavior, 23*, 329-345.

Bieschke, K. J., Bishop, R. M. & Garcia, V. L. (1996). The utility of the research self-efficacy scale. *Journal of Career Assessment, 4*, 59-75.

Brehmer, I. (1987). Koedukation in der Schule: Benachteiligte Mädchen. In. H. Faulstich-Wieland (Hrsg.), *Abschied von der Koedukation? Materialien zur Sozialarbeit und Sozialpolitik*, Bd. 18. Schriftenreihe der Fachhochschule Frankfurt/ Main.

Brehmer, I., Küllchen, H. & Sommer, L. (1989). *Mädchen, Macht (und) Mathe. Geschlechtsspezifische Leistungskurswahl in der reformierten Oberstufe*. Düsseldorf: Schriftenreihe „Dokumente und Berichte" der Parlamentarischen Staatssekretärin für die Gleichstellung von Mann und Frau, Nordrhein-Westfalen, Nr. 10.

Buddrick, G. (1998). *Studentin auf Probe 1998.* Unveröffentlichter Evaluations- und Abschlußbericht. Osnabrück: Fachhochschule Osnabrück.

Buddrick, G. (1999). *Studentin auf Probe 1999.* Unveröffentlichter Evaluations- und Abschlußbericht. Osnabrück: Fachhochschule Osnabrück.

Buddrick, G.& Bühring H.(2000). *Verbleibsuntersuchung der „Studentin auf Probe" 1996-1998.* Unveröffentlichte Studie. Osnabrück: Fachhochschule Osnabrück

Buddrick, G. (2000) Technikimpulse - Unterrichtsmodulsequenzen für Oberstufenschülerinnen. In R. Kosuch; B. Quentmeier; M. Sklorz-Weiner & I. Wender (Hrsg.). *Technik im Visier* (S. 201-212). Bielefeld: Kleine.

Bühring, H. (1997). *Auswertung der schriftlichen Befragungen zur Sommerhochschule 1997 an der FH Ostfriesland.* Unveröffentlichte Daten. Emden: Fachhochschule Ostfriesland.

Bühring, H. (1998). *Auswertung der schriftlichen Befragungen zur Sommerhochschule 1998 an der FH Ostfriesland.* Unveröffentlichte Daten. Emden: Fachhochschule Ostfriesland.

Bühring, H. (1999). *Sommerhochschule 1999.* Unveröffentlichter Evaluations- und Abschlußbericht. Oldenburg: Fachhochschule Oldenburg.

Bührung, H. (2000). *Sommerhochschule 2000.* Unveröffentlichter Evaluations- und Abschlußbericht. Oldenburg: Fachhochschule Oldenburg.

Bund-Länder-Kommission für Bildungsplanung und Forschungsförderung (Hrsg.). (1997). *Gutachten zur Vorbereitung des Programms „Steigerung der Effizienz des mathematisch-naturwissenschaftlichen Unterrichts".* Bonn: BLK - Reihe „Materialien zur Bildungsplanung und zur Forschungsförderung", 60.

Bund-Länder-Kommission für Bildungsplanung und Forschungsförderung (Hrsg.). (2000). *Verbesserung der Chancen von Frauen in Ausbildung und Beruf - Ausbildungs- und Studienwahlverhalten von Frauen.* Bonn: BLK-Bericht 80.

Bund-Länder-Kommission (Hrsg.) (2002). *Frauen in den ingenieur- und naturwissenschaftlichen Studiengängen. Bericht der BLK vom 2. Mai 2002,* Heft 100, Bonn: BLK.

Dehnbostel, P. (1995). Grundfragen zum Verhältnis von Modellversuchen und betrieblicher Organisationsentwicklung. In G. Dybowski, H. Pütz, & F. Rauner (Hrsg.), *Berufsbildung und Organisationsentwicklung* (S. 233-239). Bremen: Donat.

Diegelmann, K. (Hrsg.). (1994). *Projekte und Modellversuche zur Förderung von Frauen in ingenieur- und naturwissenschaftlichen Studiengängen an bundesdeutschen Hochschulen: eine Zusammenstellung.* Darmstadt [u.a.]: FiT.

Donner-Banzhoff, N.; Baum, E. & Basler, H. (1999). Die Dissemination von Innovationen - Probleme und Lösungen am Beispiel des TTM. In S. Keller, *Motivation zur Verhaltensänderung. Das Transtheoretische Modell in Forschung und Praxis* (S. 67-80). Freiburg i. Br.: Lambertus.

Dorsch, F. (Hrsg.) (1998). *Psychologisches Wörterbuch.* Bern [u.a.]: Huber.

Durrer, Franz & Heine, Christoph (2001). *Studienberechtigte 1999.* HIS Kurzinformation A3. Hannover: HIS GmbH

Enders-Dragässer, U. & Fuchs, C. (1989*). Interaktionen der Geschlechter: Sexismusstrukturen in der Schule.* Weinheim [u.a.]: Juventa.

Faulstich-Wieland, H. (1995) *Geschlecht und Erziehung: Grundlagen des pädagogischen Umgangs mit Mädchen und Jungen.* Darmstadt: Wissenschaftliche Buchgesellschaft.

Faulstich-Wieland, H. (2000) Chancen und Grenzen der Einflußnahmemöglichkeiten von Schulen auf den Berufswahlprozeß junger Frauen. In R. Kosuch; B. Quentmeier; M. Sklorz-Weiner & I. Wender (Hrsg.). *Technik im Visier* (S. 87-89). Bielefeld: Kleine.

Faulstich-Wieland, H. & Willems, K. (2002) Unterrichtsstrukturen im Vergleich: Deutsch und Physik. In G. Breidenstein, A. Combe, W. Helsper & Stelmaszyk, B. (Hrsg.), *Forum Qualitative Schulforschung 2* (S. 111-132). Opladen: Leske + Budrich.

Frasch, H. & Wagner, A. C. (1982). „Auf Jungen achtet man einfach mehr ...". In I. Brehmer (Hrsg.), *Sexismus in der Schule* (S. 260-278). Weinheim [u.a.]: Beltz.

Fricke, R. & Treinies, G. (1985). Einführung in die Metaanalyse. In K. Pawlik (Hrsg.), *Methoden der Psychologie Band 3.* Bern: Hans Huber.

Gisbert, K. (2001). *Geschlecht und Studienwahl.* Münster [u.a.]: Waxmann.

Griesbach H., Lewin, K., Heublein U. & Sommer, D. (1998). *Studienabbruch - Typologie und Möglichkeiten der Abbruchquotenbestimmung.* Hannover: HIS GmbH.

Hackett, G. (1995). Self-efficacy in career choice and development. In A. Bandura (Hrsg.), *Self-efficacy in changing societies* (S. 232-258). New York: Cambridge University Press.

Hackett, G. & Betz, N. E. (1989). An Exploration of the Mathematics Self-Efficacy/Mathematics Performance Correspondence. *Journal for Research in Mathematics Education;* 20 (3), 261-273.

Hagemann-White, C. (1992). Berufsfindung und Lebensperspektive in der weiblichen Adoleszenz. In K. Flaake & V. King, *Weibliche Adoleszenz.* Weinheim [u.a.]: Beltz.

Hannover, B. & Bettge, S. (1993). *Mädchen und Technik.* Göttingen [u.a.]: Hogrefe.

Hartung, B. & Schwarze, B. (2002) Bund-Länder-Initiativen für Gender Mainstreaming in der Studienreform. In *Bund-Länder-Kommission & Bundesministerium für Bildung und Forschung (Hrsg.)* 2002.

Heckhausen, H., Gollwitzer P. & Weinert F. (Hrsg.). (1987). *Jenseits des Rubikon: Der Wille in den Humanwissenschaften.* Springer: Berlin.

HIS (2002). *Studienberechtigtenbefragung 1996 und 1999, Sonderauswertung,* Hannover: HIS GmbH.

Hodapp, V. & Mißler, B. (1996). Determinanten der Wahl von Mathematik als Leistungs- bzw. Grundkurs in der 11. Jahrgangsstufe. In R. Schumann-Hengsteler & H. Trautner, *Entwicklung im Jugendalter,* (S. 143-164). Göttingen [u.a.]: Hogrefe.

Hoeltje, B. (1995). *Wider den heimlichen Lehrplan. Bausteine und Methoden einer reflektierten Koedukation.* Bielefeld: Kleine.

Hoffmann, L., Häußler, P. & Peters-Haft, S. (1997). *An den Interessen von Mädchen und Jungen orientierter Physikunterricht.* Kiel: IPN.

Horstkemper, M. (1987). *Schule, Geschlecht und Selbstvertrauen.* Weinheim und München: Juventa.

Hoose, D. & Vorholt, D. (1996). Der Einfluss von Eltern auf das Berufswahlverhalten von Mädchen. *Pädagogik;* 48(11), 58-59.

Kahle, I. & Schaeper, H. (1991). *Bildungswege von Frauen vom Abitur bis zum Berufseintritt.* HIS Hochschulinformationssystem GmbH (Hrsg.). Hannover: HIS GmbH.

Klocke, M. (1996). Die Situation von Ingenieurinnen in Europa – ein Ländervergleich. In R. Kosuch, Berufsziel: Ingenieurin, S. 26-39. Weinheim: Deutscher Studienverlag.

Konczalla, P. (1996) Protokoll des Workshops „Blickpunkt Studieneingangsphase". In R. Kosuch (Hrsg.), *Berufsziel: Ingenieurin. Aufbruch in die/der Technik.* Weinheim: Deutscher Studienverlag.

Kosuch, R. (1995 a). Zur Situation von Frauen im Vermessungswesen. In W. Grunau (Hrsg.), *Vermessung im Wandel* (S. 42-55). VDV Schriftenreihe, 9, Wiesbaden: Chmielorz.

Kosuch, R. (1995 b). Konflikte im Berufsalltag von weiblichen und männlichen Beschäftigten im naturwissenschaftlich-technischen Bereich. Ergebnisse einer psychologischen Studie. In A. Melezinek & K. Bruns (Hrsg.), *Ingenieurausbildung und Strukturveränderung am Arbeitsplatz des ausgehenden 20. Jahrhunderts* (S. 313-317). Alsbach/Bergstraße: Leuchtturmverlag.

Kosuch, R. (1995 c). *Leitfaden zur Veranstaltung einer Sommerhochschule für Schülerinnen und andere interessierte Frauen.* Unveröffentlichte Handreichung. Oldenburg: Fachhochschule Oldenburg.

Kosuch, R. (1995 d). Sommerhochschule 1995. Unveröffentlichter Evaluations- und Abschlußbericht. Oldenburg: Fachhochschule Oldenburg.

Kosuch, R. (Hrsg.). (1996 a). *Berufsziel: Ingenieurin. Aufbruch in die/der Technik.* Weinheim: Deutscher Studienverlag.

Kosuch, R. (1996 b). Sommerhochschule 1996. Unveröffentlichter Evaluations- und Abschlußbericht. Oldenburg: Fachhochschule Oldenburg.

Kosuch, R.; Eppmann, K.; Meyer, H.; Paral, D. & Urban, H. (1996). Modellvorhaben „Motivation von Frauen und Mädchen für ein Ingenieurstudium" Handlungsrahmen, Module, Ergebnisse. In R. Kosuch (Hrsg.), *Berufsziel: Ingenieurin. Aufbruch in die/der Technik* (S. 154-156). Weinheim: Deutscher Studienverlag.

Kosuch, R.; Quentmeier, B.; Sklorz-Weiner, M. & Wender, I. (1996) Feminismus verpönt? Ein Workshop zu Akzeptanz und Nutzen von Projekten. In A. Häusler (u.a.) (Hrsg.), *22. Kongreß von Frauen in Naturwissenschaft und Technik* (S. 147 –155). Darmstadt: FiT Verlag.

Kosuch, R. & Paral, D. (1996). „Niemand will mehr Ingenieur werden" - doch vielleicht Ingenieurin? Motivierung für ein Ingenieurstudium durch die Veranstaltung einer Sommerhochschule. In A. Melezinek & I. Kiss, (Hrsg.), *Bildung durch Kommunikation* (S. 493-496). Alsbach/ Bergstraße: Leuchtturmverlag.

Kosuch, R. (1997 a). Ist der homo faber eine typisch männliche Gestalt? In E. Schiffer, *Der kleine Prinz in Las Vegas* (S. 156-163). Weinheim und Berlin: Beltz Quadriga.

Kosuch, R. (1997 b). „Bitte keine Antworten auf Fragen, die nicht gestellt werden!" Feminismus verpönt? In I. Wender & B. Quentmeier & M. Sklorz-Weiner (Hrsg.), *Technik bewegt die Frauen – Frauen bewegen die Technik* (S. 80-85). Aachen: Shaker.

Kosuch, R. (1997 c). *Sommerhochschule 1997.* Unveröffentlichter Evaluations- und Abschlußbericht. Oldenburg: Fachhochschule Oldenburg.

Kosuch, R. (1999 a). Kooperation mit dem Modellvorhaben „Motivation von Frauen und Mädchen für ein Ingenieurstudium" an den vier Fachhochschulen der Weser-Ems-Region. In M. Sklorz-Weiner; B. Quentmeier & A. Strohmeyer, *Im Blick zurück die Zukunft gewinnen. Frauenförderung an niedersächsischen Hochschulen* (S. 101-110). Aachen: Shaker.

Kosuch, R. (1999 b). Studieninteresse wecken - Netzwerke aufbauen - Wiedereinstiegsprogramme entwickeln. *Soziale Technik*, 4, 7-10. Graz: Institut für interdisziplinäre Forschung und Fortbildung der Universitäten Klagenfurt, Wien, Innsbruck, Graz.

Kosuch, R. (1999 c). Junge Frauen motivieren, Umdenkprozesse initiieren, Wiedereinstiegsprogramme entwickeln. In L. Krainer (Hrsg.), *Schule – Hochschule - betriebliche Männerwelten. Stolpersteine am Weg zur Technikerin? Dokumentation des Villacher Frauen-Technologie-Programms* (S. 12-14). Klagenfurt: Universität Klagenfurt.

Kosuch, R. (1999 d). Leitfaden zur Veranstaltung einer Sommerhochschule, Kap. 1; 2.2-2.7; 3.1-3.2; 3.4-3.5; 4.1-4.4; 4.9; 5.1; 5.3; 5.7-5.8. In Arbeitsgruppe Sommerhochschule des Modellvorhabens „Motivation von Frauen und Mädchen für ein Ingenieurstudium" (Hrsg.), *Leitfaden zur Organisation einer Sommerhochschule für Oberstufenschülerinnen,*. Oldenburg: Fachhochschule Oldenburg.

Kosuch, R.; Quentmeier, B.; Sklorz-Weiner, M. & Wender, I. (Hrsg.). (2000). *Technik im Visier. Perspektiven für Frauen in technischen Studiengängen und Berufen*. Bielefeld: Kleine.

Kosuch, R. & Buddrick, G. (2000). Das Modellvorhaben „Motivation von Frauen und Mädchen für ein Ingenieurstudium" - Erfahrungen und Schlußfolgerungen. In R. Kosuch; B. Quentmeier; M. Sklorz-Weiner & I. Wender (Hrsg.), *Technik im Visier* (S. 33-51). Bielefeld: Kleine.

Kosuch, R. (2000 a). Sommerhochschule für Schülerinnen im naturwissenschaftlich-technischen Bereich. Ziele - Konzeption – Ergebnisse. In R. Kosuch; B. Quentmeier; M. Sklorz-Weiner & I. Wender (Hrsg.), *Technik im Visier* (S. 186-200). Bielefeld: Kleine.

Kosuch, R. (2000 b). Aufbau eines Ingenieurinnen-Netzwerkes. In R. Kosuch; B. Quentmeier; M. Sklorz-Weiner & I. Wender (Hrsg.), *Technik im Visier* (S. 213-221). Bielefeld: Kleine.

Kosuch, R. (2000 c). Mentoringaspekte im Modellvorhaben „Motivation von Frauen und Mädchen für ein Ingenieurstudium". In Koordinierungsstelle der Initiative Frauen geben Technik neue Impulse (Hrsg.), *Frauen in der Informationsgesellschaft, Dokumentation der internationalen Konferenz „Frauen in der Informationsgesellschaft"* (S. 44-49). Bielefeld: Koordinierungsstelle der Initiative Frauen geben Technik neue Impulse.

Kosuch, R. (2000 d). An access summer school: improving participation by young women in technology-related education. In L. Thomas & M. Cooper (Eds.), *Changing the Culture of the Campus: Towards an Inclusive Higher Education* (S. 185-196). Shaffordshire: University Press.

Kosuch, R. (2000 e). Frauennetzwerke für Fachhochschulen. In: Chr. Müller-Wichmann (Hrsg.), *Frauenförderung in Ingenieurstudiengängen – ein Schlüsselbeitrag zur Studienreform* (S. 49-60). Berlin: Schriftenreihe der Zentralen Frauenbeauftragten der Technischen Fachhochschule Berlin, Band 6.

Kraus, G. & Westermann, R. (1995). *Projektmanagement mit System*. Wiesbaden: Gabler.

Kreienbaum, M. A. & Metz-Göckel, S. (1992). *Koedukation und Technikkompetenz von Mädchen : der heimliche Lehrplan der Geschlechtererziehung und wie man ihn ändert*. Weinheim [u.a.]: Juventa.

Kucklich, C. (Hrsg.) (1996). *Erst ausprobieren – dann studieren: bundesweite Sommeruniversität für Frauen in Naturwissenschaft und Technik*. Frankfurt am Main: Lang.

Kutt, K. (1995). Modellversuche und Organisationsentwicklung. *In: G. Dybowski, H. Pütz & F. Rauner (Hrsg.), Berufsbildung und Organisationsentwicklung* (S. 240- 257). Bremen: Donat.

Lapan, R. T., Boggs, K. & Morrill, W. H. (1989). Self-efficacy as a mediator of investigative and realistic general occupational themes on the Strong-Campbell interest inventory. *Journal of Counseling Psychology, 36*, 176-182.

Lapan, R. T., Shaughnessy, P. & Boggs, K. (1996). Efficacy expectations and vocational interests as mediators between sex and choice of math/science college majors: A longitudinal study. *Journal of Vocational Behavior,* 49 (3), 277-291.

Lemmermöhle-Thüsing, D. (1990). „Meine Zukunft? Naja, heiraten und Kinder haben und trotzdem berufstätig bleiben. Aber das ist ja fast unmöglich." Über die Notwendigkeit, die Geschlechterverhältnisse in der Schule zu thematisieren: das Beispiel Berufsorientierung. In U. Rabe-Kleeberg (Hrsg.), *Besser gebildet und doch nicht gleich" Frauen und Bildung in der Arbeitsgesellschaft* (S. 163-196) Bielefeld: Kleine.

Lent, R. W. & Hackett, G. (1987). Career Self-Efficacy: Empirical Status and Future Directions. *Journal of Vocational Behavior,* 30, 347-382.

Lent, R. W., Lopez, F. G. & Bieschke, K. J. (1991). Mathematics self-efficacy: Sources and relation to science-based career choice. *Journal of Counseling Psychology,* 38, 424-430.

Lewin, K. (1997). *Die Schnittstelle zwischen Schule und Studium aus der Sicht von Studienberechtigten und Studienanfängern.* Hannover: HIS GmbH.

Louis, K. S., & van Velzen, B. (1988). Reconsidering the theory and practice of dissemination. In R. van den Berg & U. Hameyer (Eds.), *Dissemination reconsidered: The demands of implementation* (pp. 261–281). Leuven, Belgium: Acco.

Mayrshofer, D. & Kröger, H., A. (1999). *Prozeßkompetenz in der Projektarbeit. Ein Handbuch für Projektleiter, Prozeßbegleiter und Berater.* Hamburg: Windmühle.

Oettingen, G. (1995). Cross-cultural pserspectives on self-efficacy. In A. Bandura (Hrsg.), *Self-efficacy in changing societies* (S. 150-176). New York: Cambridge University Press.

Paral, D. & Kosuch, R. (1995). Motivation von Frauen und Mädchen für ein Ingenieurstudium: Erfahrungen und erste Ergebnisse aus einem Modellprojekt der vier Fachhochschulen der Weser-Ems-Region. In A. Melezinek & K. Bruns (Hrsg.), *Ingenieurausbildung und Strukturveränderung am Arbeitsplatz des ausgehenden 20. Jahrhunderts* (S. 317-321). Alsbach/ Bergstraße: Leuchtturmverlag.

Roloff, C. & Evertz, B. (1992). *Ingenieurin – (k)eine lebbare Zukunft. Vor-Urteile im Umfeld von Gymnasiastinnen an der Schwelle zur Leistungskurswahl.* Weinheim: Deutscher Studienverlag.

Schütt, I. & Lewin, K. (1998). *Bildungswege von Frauen - vom Abitur bis zum Beruf.* Hannover: HIS GmbH.

Schwarzer, R. (1995). Entwicklungskrisen durch Selbstregulation meistern. In W. Edelstein (Hrsg.), *Entwicklungskrisen kompetent meistern* (S. 74-84). Heidelberg: Asanger.

Schwarzer, R. (1996). *Psychologie des Gesundheitsverhaltens.* Göttingen: Hogrefe.

Seashore Louis, K.& Jones, L. M. (2001) *Dissemination With Impact: What Research Suggests for Practice in Career and Technical Education.* National Research Center for Career and Technical Education, University of Minnesota, http://www.nccte.org/publications/infosynthesis/r&dreport/DisseminationALL_Seashore.pdf

Simpson, G. (1996). Factors influencing the choice of law as a career by black women. *Journal of Career Development, 22(3),* 197-209.

Strauss, Anselm (1991). *Qualitative Sozialforschung: Datenanalyse udd Theoriebildung in der empirischen und soziologischen Forschung.* München: Fink.

Strohmeyer, A. (1995). *Zur Erklärung, Prognose und Modifikation geschlechtstypischer Berufsorientierung exemplarisch dargestellt am Modellprojekt „Technik zum Be-Greifen, speziell für junge Frauen" unter besonderer Berücksichtigung des Konzepts der Selbstwirksamkeit.* Unveröffentlichte Diplomarbeit am Fachbereich X der Technischen Universität Braunschweig.

Strohmeyer, A. & Wender, I. (1996). Modifikation der geschlechtstypischen Berufsorientierung junger Frauen, operationalisiert durch das von Bandura entwickelte Selbstwirksamkeitskonzept.. In: K. U. Ettich & M. Fries. (Hrsg.), *Lebenslange Entwicklung in sich wandelnden Zeiten* (S. 329-335). Landau: Verlag Empirische Pädagogik.

Tendler, H. & Wetzel, Chr.(1998). *Sommerhochschule 1998.* Unveröffentlichter Evaluations- und Abschlußbericht. Oldenburg: Fachhochschule Oldenburg.

Tendler, H. (1999). *Gemeinsames Sommerstudienprogramm Naturwissenschaften und Technik für Schülerinnen an der Fachhochschule Oldenburg und der Carl von Ossietzky Universität Oldenburg.* Unveröffentlichter Evaluations- und Abschlußbericht. Oldenburg: Fachhochschule Oldenburg.

Tobias, G. (1996). Die bundesweite „Sommeruniversität für Frauen" in Naturwissenschaft und Technik 1994: Ein Beitrag zur Überwindung geschlechtsspezifischer Studien- und Berufswahlen von Frauen. In C. Kucklich (Hrsg.), *Erst ausprobieren – dann studieren: bundesweite Sommeruniversität für Frauen in Naturwissenschaft und Technik* (S. 27-54). Frankfurt am Main: Lang.

Ulich, D. (1992). Pädagogische Psychologie. Möglichkeiten und Probleme der Gegenstandsbestimmung. In R. Asanger & G. Wenniger, *Handwörterbuch Psychologie* (S. 512-516). Weinheim [u.a.]: Beltz.

von Maurice, J., Scheller R. & Bäumer Th. (1995). Zufallserfahrung und Interessensstruktur: Eine Untersuchung zum Wahlverhalten von Studienanfängern. *Zeitschrift für Pädagogische Psychologie, 9* (1), 37-44.

Wächter, Chr. (1999 a). *Maßnahmenpaket für ein Frauen-Technologie-Programm.* Endbericht. Graz: IFZ.

Wächter, Chr. (1999 b). *Manual zur Entwicklung und Implementierung eines Maßnahmenpaketes für ein Frauen-Technologie-Programm.* Graz: IFZ.

Wächter, Chr. (2003). *Technik-Bildung und Geschlecht.* München, Wien: Profil.

Wender; I. (1996). *Sozial-kognitive Lerntheorie von Bandura – ein effektives psychologisch-pädagogisches Modifikationsparadigma.* Habilitationsschrift. Braunschweig: Technische Universität Braunschweig.

Wender, I. (1999). *Einblicke in die Entwicklungspsychologie.* Aachen: Shaker.

Wender, I Strohmeyer, A. & Quentmeier, B. (1997). Frauen in technischen Berufen - ihre Chance „Ingenieurin"! In C. Hartmann & U. Sander (Hrsg.), *Ingenieurinnen – ein unverzichtbares Potential für die Gesellschaft* (S. 93-130). Kirchlinteln: C. Hoffmann.

Wender, I., Schade, U. & Vahjen, M. (2000). Das Modellprojekt „Technik zum Be-Greifen" – Erfahrungen und Schlußfolgerungen. In R. Kosuch; B. Quentmeier; M. Sklorz-Weiner & I. Wender (Hrsg), *Technik im Visier* (S. 65-83). Bielefeld: Kleine.

Wender, I. & Sklorz-Weiner, M. (2000). Angebot für Schülerinnen (und Schüler) zur Berufsorientierung und Lebensplanung. In R. Kosuch; B. Quentmeier; M. Sklorz-Weiner & I. Wender (Hrsg.), *Technik im Visier* (S. 135-185). Bielefeld: Kleine.

Wender, I. , Popoff, A., Peters, A., Müller, K., & Foetzki, Chr. (2002). *Zwischenbericht zum Projekt „step in - mentoring & mobilität".* Braunschweig: Sigert GmbH.

Wissenschafliches Sekretariat für die Studienreform. (Hrsg.) (2000). *Ingenieurinnen erwünscht! Handbuch zur Steigerung der Attraktivität ingenieurwissenschaftlicher Studiengänge für Frauen*. Wuppertal: Krudewig Print und Medien GmbH.

Worth, M.-A. (1998). *Dokumentation zur Bundesweiten Sommeruniversität für Frauen in Naturwissenschaft und Technik 1998*. Duisburg: Gerhard-Mercator-Universität Gesamthochschule Duisburg, Akademisches Zentrum für Studium und Beruf AkZent.